Depressionen vorbeugen

Ein Gruppenprogramm nach R. F. Muñoz

von
Christine Kühner
und Iris Weber

unter Mitarbeit von
Marita Reichenbacher
und Dorothea Blomeyer

Hogrefe · Verlag für Psychologie
Göttingen · Bern · Toronto · Seattle

Dr. sc. hum. Christine Kühner, geb. 1957. 1976-1983 Studium der Psychologie in Konstanz und Mannheim. 1994 Promotion. Seit 1986 Wissenschaftliche Mitarbeiterin am Zentralinstitut für Seelische Gesundheit in Mannheim sowie Psychologische Psychotherapeutin und Lehrbeauftragte der Universität Mannheim.

Dr. sc. hum. Iris Weber, geb. 1965. 1985-1991 Studium der Psychologie in Mainz und Mannheim. 1997 Promotion. 1991-2000 Wissenschaftliche Mitarbeiterin am Zentralinstitut für Seelische Gesundheit in Mannheim. Seit 2000 in freier Praxis als Psychologische Psychotherapeutin und Gruppentrainerin tätig.

Die Deutsche Bibliothek – CIP-Einheitsaufnahme

Ein Titeldatensatz für diese Publikation ist bei Der Deutschen Bibliothek erhältlich.

© by Hogrefe-Verlag, Göttingen • Bern • Toronto • Seattle 2001
Rohnsweg 25, D-37085 Göttingen

http://www.hogrefe.de
Aktuelle Informationen • Weitere Titel zum Thema • Ergänzende Materialien

Gesamtherstellung: Dieterichsche Universitätsbuchdruckerei
W. Fr. Kaestner GmbH & Co.KG, D-37124 Göttingen/Rosdorf
Printed in Germany
Auf säurefreiem Papier gedruckt

ISBN 3-8017-1422-5

Depressionen vorbeugen

Inhaltsverzeichnis

Geleitwort

I am happy that Drs. Christine Kuehner and Iris Weber are making available the Depression Prevention Course to the German-speaking world. In the last half of the twentieth century, enormous advances have taken place in the diagnosis and treatment of depression. However, attempts to actually prevent the onset of depressive disorders have been lacking. It has been clear to me for many years that, in order to reduce the number of individuals who suffer from clinical depression, we need to go beyond treatment. There aren't, and we are unlikely to train, enough professionals to treat all cases of major depression. Moreover, once a person has developed an episode of major depression, the likelihood that that person will have another episode becomes very high, thus leading to a recurrent course of the disorder. What we need to do is to prevent the first episode. Only then will we be able to stem the great tide of depression that is affecting humanity.

Depression is a major public health problem. In its report on the global burden of disease (Murray & Lopez, 1996), the World Health Organization pointed out that unipolar major depression is the number one cause of disability worldwide. It is responsible for 11 % of all cases of disability. The next largest cause is anemia, which is responsible for just over 4 % of all cases of disability. Thus, the effect of depression on our communities is substantial. Efforts to prevent depression should be placed high on the priority lists of public health (not just mental health) organizations throughout the world.

Programs that prevent depression will have effects much beyond the reduction in depression itself. For example, depressed mood is related to substance abuse, including smoking, which is the most important cause of premature death. Most smokers become addicted to cigarettes before 18 years of age. This is also the time when the rates of depression rise. Many smokers use nicotine to help them regulate their mood. If we teach adolescents other methods to control their mood, such as those included in the Depression Prevention Course, we may be able to prevent some proportion of potential smokers from starting to smoke. We have also found that smokers with a past episode of major depression find it easier to quit when the smoking cessation program they are given includes the mood management methods found in the Depression Prevention Course.

The Depression Prevention Course has wide applicability. We have adapted its methods for use with primary care patients, pregnant women, smokers, patients in methadone maintenance programs, and psychiatric patients receiving inpatient care. The Depression Prevention Course is being used as one of the interventions in the Outcomes of Depression International Network (ODIN) project currently taking place in Finland, Ireland, Norway, Spain, and the United Kingdom (Dowrick et al., 1998). We hope the Course will be adapted to many more populations by our German-speaking colleagues.

The intellectual sources of this manual stem from the work of two of my mentors: Albert Bandura and Peter M. Lewinsohn. Bandura was my senior thesis advisor at Stanford University in 1971–1972. He had recently finished his encyclopedic Principles of Behavior Modification (Bandura, 1969) and soon thereafter wrote Social Learning Theory (Bandura, 1977). Both of these books contain many of the concepts that still influence the approach to cognition, behavior, and mood that is exemplified in this manual. These concepts include the ideas of symbolic learning, reciprocal determinism, the idea that freedom is a function of the alternatives that an individual has available in any one situation, and Bandura's perspective on self-control and self-efficacy. These ideas provided a source of hope for self-direction in human agency, and were powerful antidotes against the more deterministic views presented by radical behaviorism and psychodynamic approaches of the time.

Peter M. Lewinsohn is a pioneer in behavioral approaches to depression. He began experimenting with increasing levels of pleasant activities as a treatment for depression in the 1970's. In 1975–1977, he was dissertation chair at the University of Oregon for three doctoral students, Antonette Zeiss, Mary Ann Youngren, and me. We jointly conducted a randomized clinical trial to evaluate three approaches to treating depression: increasing pleasant activities, interpersonal skills training, and cognitive training. All three cognitive-behavioral therapy (CBT) approaches were significantly better than a waiting control condition, and the three were not significantly different from each other. The three approaches were combined into the book Control Your Depression (Lewinsohn, Muñoz, Youngren, & Zeiss, 1982). They continue to be the core of the manuals I have developed with my colleagues at San Francisco General Hospital (SFGH), one of the teaching hospitals of the University of California, San

Francisco (UCSF). SFGH is located in the Mission District, the Latino neighborhood, or *barrio,* of the City of San Francisco. Thus, the manuals have been developed in both Spanish and English, and appear to work well in both languages.

I first adapted Control Your Depression in 1983 as the Depression Prevention Course, an 8-session manual for a randomized controlled depression prevention trial with Spanish- and English-speaking primary care patients at San Francisco General Hospital (Muñoz, 1998). Excerpts of the English version of the course can be found in Appendix A of The Prevention of Depression: Research and Practice, by Muñoz and Yu-Wen Ying (1993).

In 1985-1986, the Depression Prevention Course was expanded into a 12-session format for use at the University of California, San Francisco (UCSF)/San Francisco General Hospital (SFGH) Depression Clinic. I founded this bilingual (Spanish/English) clinic in 1985 with Jeanne Miranda and Sergio Aguilar-Gaxiola to provide treatment to low-income depressed patients referred by their primary care physicians. The clinic, which I directed for five years, was the first outpatient mental health clinic at SFGH.

The Depression Clinic manual, titled "Group Therapy Manual for Cognitive-Behavioral Treatment of Depression" was prepared in English (Muñoz & Miranda, 1986) and Spanish (Muñoz, Aguilar-Gaxiola, & Guzmán, 1986). Both the 8-session Depression Prevention Course and the 12-session Group CBT manual retained the three-pronged focus on activities, thoughts, and people from the manuals of the original study, because these are key areas that influence depressed mood, and thus can be used to treat it. Most depressed patients find one or more of these areas useful to gain greater control over their depressed mood. Jeanne Miranda, in work done in collaboration with Kenneth Wells at the University of California, Los Angeles, has demonstrated that the 12-session manual can be helpful in quality improvement programs to enhance the care for depression received by primary care patients (Wells et al., 2000).

In 1995, the Psychosocial Medicine Division at SFGH opened up an outpatient clinic which included the Depression Clinic under its larger umbrella. Now called the Cognitive-Behavioral Depression Clinic, it has continued to provide clinical services and training in cognitive-behavioral therapy. In 1999-2000, we decided to revise and expand this manual into a 16-session format, also prepared in Spanish and English (Muñoz, Ghosh Ippen, Rao, Le & Dwyer, 2000). In addi-

tion to the three modules on thoughts, activities, and people, we added a module on the relationship of health issues and depression. Our patients are referred to us by primary care physicians, and, therefore, most have medical problems which affect the course of their depression.

The original eight-session Depression Prevention Course, being made available in German in this volume, remains a practical, brief, and empirically-tested manual. Our research demonstrates that when we compare participants in the course to a control group that does not receive the course, participants change their thoughts and behavior significantly, show a reduction in depressive symptoms, and the reduction in these symptoms is related to the amount of change in thoughts and behavior. And our experiences with it over the years show that it can be adapted to many populations.

I wish my German-speaking colleagues success in using the Depression Prevention Course. I would be very happy to hear about the kinds of populations with whom you have worked, and the types of adaptations made to the program. I would be particularly interested in receiving copies of studies in which the course was empirically evaluated.

I am grateful to Drs. Kuehner and Weber for their efforts at translating and adapting our work to German.

Ricardo F. Muñoz, Ph.D.
Professor of Psychology
Department of Psychiatry at San Francisco General Hospital
University of California, San Francisco
June 23, 2000

Vorwort

Menschen fühlen sich manchmal niedergeschlagen, traurig, interesselos oder leiden unter Erschöpfung, Schlaf- oder Appetitlosigkeit. Wem sind solche Gefühle völlig unbekannt? Jeder erwachsene Mensch fühlt sich zu irgendeinem Zeitpunkt seines Lebens depressiv. Im Allgemeinen sind diese Gefühle jedoch weder schwer ausgeprägt, noch sehr lange anhaltend. Aber was passiert, wenn solche Gefühle den Alltag beeinträchtigen oder zum Problem werden? Wie geht man damit um? Kann man seine Stimmung positiv beeinflussen oder ist man ihr hilflos ausgeliefert? Solche Fragen begegnen uns häufig im therapeutischen Alltag.

Depressionen zählen zu den häufigsten psychischen Erkrankungen in der Bevölkerung. Hinzu kommt ein beträchtlicher Anteil an Personen mit subklinisch depressiven Beschwerden, die im erhöhten Risiko stehen, ausgeprägtere depressive Episoden zu entwickeln. Vor diesem Hintergrund stellt sich die Frage nach geeigneten Vorbeugungs- und Frühinterventionsansätzen. Hier bietet sich eine psychoedukativ ausgerichtete kognitiv-verhaltenstherapeutische Gruppenintervention an, die bewährte Standardmodule der Depressionsbehandlung mit dem Schwerpunkt auf präventive Strategien bereitstellt.

Das vorliegende Gruppenprogramm „Depressionen vorbeugen" ist eine bearbeitete Version des „Depression Prevention Course" von Ricardo F. Muñoz, der in den USA im Rahmen einer größeren Interventionsstudie mit PatientInnen aus Allgemeinarztpraxen untersucht wurde. Ausgehend von den positiven Ergebnissen dieser Studie fanden wir es lohnenswert, dieses Programm auch im deutschsprachigen Raum anzubieten. Das Programm wurde von uns im Rahmen einer Pilotstudie am Zentralinstitut für Seelische Gesundheit, Mannheim, übersetzt und adaptiert. In 8 strukturierten Doppelstunden bietet es die folgenden Inhalte:

- Wissensvermittlung grundlegender Zusammenhänge von depressiven Gefühlen, Gedanken und Handeln
- Aufzeigen hilfreicher Selbstkontrollstrategien
- kognitive Techniken zur Verminderung negativer Gedanken und Steigerung positiver Gedanken
- Disputation irrationaler Überzeugungen
- Anleitung zu einem ausgewogenen Verhältnis zwischen Pflichten und angenehmen Tätigkeiten

- Verbesserung und Stabilisierung sozialer Kontakte
- Einübung sozial kompetenter Verhaltensweisen
- Zukunftsplanung, persönliche Lebensziele und Umgang mit vorhersehbaren Lebensereignissen
- Kurzentspannungsübungen

Neben zwei einleitenden Kapiteln zu den theoretischen und empirischen Grundlagen sowie zur praktischen Durchführung des Programms besteht der Kern des vorliegenden Buchs aus dem KursleiterInnenmanual für die 8 Sitzungen, Folienvorlagen, Anweisungen für die Kurzentspannung und dem Übungsteil für KursteilnehmerInnen, der die wesentlichen Inhalte der einzelnen Sitzungen zusammenfasst und Materialien für die Hausaufgaben bereitstellt.

Durch konkrete Instruktionen wird die praktische Umsetzung des Programms erleichtert. Arbeits- und Übungsblätter sowie weitere didaktische Materialien zu den einzelnen Sitzungen runden das Manual ab.

Wir wünschen den AnwenderInnen Freude und Erfolg bei der praktischen Umsetzung des Programms. Selbstverständlich freuen wir uns über Rückmeldungen zu Ihren eigenen Erfahrungen bei der Durchführung.

Mannheim, im August 2000

Christine Kühner   Iris Weber

Kapitel 1

Theoretischer Hintergrund und empirische Befunde zum Kursprogramm „Depressionen vorbeugen"

1.1 Einführung

Unipolare Depressionen zählen zu den häufigsten psychischen Erkrankungen in der Bevölkerung. Wie die Ergebnisse verschiedener epidemiologischer Studien nahelegen, liegt die Sechs-Monats-Prävalenz depressiver Episoden bei ca. 6,5 %, die für Dysthymien (leichtere, jedoch chronisch verlaufende depressive Störung) bei ca. 3,3 %. Das Risiko, im Laufe des Lebens an einer depressiven Störung zu erkranken, beträgt für depressive Episoden ca. 17 % und für Dysthymien ca. 3,6 % (Wittchen, 1994). Frauen sind von depressiven Erkrankungen wesentlich häufiger betroffen als Männer (vgl. Nolen-Hoeksema, 1990). Neuere Studien zeigen auch, dass Depressionen in den letzten Jahren insgesamt zugenommen haben, wobei zunehmend jüngere Altergruppen betroffen sind (Weissman & Klerman, 1992). PatientInnen, die eine behandlungsbedürftige depressive Episode durchlebt haben, weisen ein hohes Risiko für Wiedererkrankungen auf (mehr als 40 % nach der ersten, ca. 70 % nach der zweiten, und ca. 90 % nach der dritten Episode, vgl. Angst, 1999; Muñoz et al., 1995). Darüber hinaus muss von einem beträchtlichen Chronifizierungsrisiko ausgegangen werden: bis zu 20 % depressiver Episoden remittieren im Zwei-Jahres-Zeitraum nicht oder nur unzureichend (Angst, 1999).

Ein weiterer Teil der Bevölkerung weist bedeutsame depressive Symptome auf, die zwar nicht die Schwere- oder Dauerkriterien depressiver Diagnosen erfüllen, jedoch ebenfalls beträchtliches Leiden und Einschränkungen im psychosozialen Funktionsniveau verursachen (7–17 %, vgl. Angst & Merikangas, 1997; Sartorius et al., 1996; Wells et al., 1989). Solche minoren oder „Subthreshold"-Depressionen haben auch ein deutlich erhöhtes Risiko für die Entwicklung behandlungsbedürftiger depressiver Episoden (Angst & Merikangas, 1997; Horwath et al., 1992; Wells et al., 1992). Vor diesem Hintergrund gewinnt die Frage nach geeigneten Präventions- bzw. Frühinterventionsansätzen zunehmende Dringlichkeit. Diese sollten darauf abzielen, die Entwicklung ausgeprägter Depressionen mit entsprechend ungünstigen Krankheitsverläufen bereits im Vorfeld zu verhindern. Nicht zuletzt in diesem Bereich bieten sich psychoedukative, kognitiv-verhaltenstherapeutische Interventionen im Gruppensetting an, die im Vergleich zu Einzelinterventionen ökonomischer sind und auch als weniger stigmatisierend erlebt werden (vgl. Kühner et al., 1994).

Kognitiv-verhaltenstherapeutische Gruppeninterventionen zur Behandlung und Vorbeugung depressiver Störungen gewinnen im deutschsprachigen Raum jedoch erst in jüngerer Zeit an Bedeutung. Ein Grund hierfür mag sein, dass – trotz widersprechender Ergebnisse aus der internationalen Literatur (z. B. Robinson et al., 1990) – das Einzeltherapie-Setting bei der Behandlung von Depressionen als erfolgreicher eingeschätzt wird (vgl. Fiedler, 1999). Hinzu kommt, dass aus traditioneller Sicht das Gruppensetting für Depressive aufgrund deren Passivität, Rückzugsverhalten und depressiver Klagsamkeit als nachteilig für die Interaktion in der Gruppe betrachtet wurde (vgl. Teri & Lewinsohn, 1986; Yalom, 1992). Erst in neuerer Zeit wurden zunehmend Verfahren, die sich im Rahmen von kognitiv-verhaltenstherapeutischen Einzeltherapien bewährt haben, auch systematisch in der Gruppenbehandlung depressiver Patienten eingesetzt (z. B. Bader, 1994; Hautzinger, 2000; Herrle & Kühner, 1994; Zielke, 1993a, 1993b). In diesen Programmen wird ein psychoedukatives Vorgehen bevorzugt, das durch themenzentrierte Bausteine, Strukturierung, Informationsvermittlung und gestufte Aufgaben gekennzeichnet ist. Als klassischer Vertreter dieses Ansatzes gilt das von Lewinsohn et al. (1984) entwickelte kognitiv-verhaltenstherapeutische Gruppenprogramm, der „Coping with Depression Course" (deutsch: „Depression bewältigen", Herrle & Kühner, 1994). Im amerikanischen Sprachraum liegen inzwischen verschiedene Varianten dieses Programms für unterschiedliche Zielgruppen vor. Zu diesen zählt auch das Depressions-Präventionsprogramm von Ricardo F. Muñoz (1998), das wir hier in der deutschen Bearbeitung präsentieren.

1.2 Theoretischer Hintergrund

Neueren Interventionsansätzen bei depressiven Störungen ist gemeinsam, dass sie sich aus *multi-*

faktoriellen Erklärungsansätzen ableiten, die ein Zusammenwirken unterschiedlicher Faktoren bei der Entstehung und Aufrechterhaltung depressiver Erkrankungen postulieren (vgl. Hautzinger, 1998; Fiedler, 1999). Nach Fiedler (1999) sind dabei zumindest die folgende Faktorenkomplexe zu berücksichtigen: biologische Faktoren einschließlich genetischer Vulnerabilität, dispositionelle Persönlichkeitsfaktoren wie Introversion und Neurotizismus, innerpsychische Regulatoren wie Selbstaufmerksamkeit und Attributionsstile, die Verarbeitung traumatischer Erfahrungen, sowie protektive Faktoren wie soziale Fertigkeiten und soziale Unterstützung. Die Annahmen zur multifaktoriellen Genese der Depression werden in den kognitiv-verhaltenstherapeutischen Interventionskonzepten im Rahmen multimodaler Strategien umgesetzt, wobei die Schwerpunkte auf solchen Faktoren liegen, die anhand wissenschaftlicher Erkenntnisse *psychologische Erklärungs-* und *Veränderungsansätze* darstellen (Hautzinger, 1998). Im Folgenden wird der diesbezügliche theoretische Hintergrund des vorliegenden Gruppenprogramms beschrieben.

1.2.1 Soziale Lerntheorie und Selbstkontroll-Modell

Den theoretischen Handlungsrahmen des Muñozschen Gruppenprogramms bildet die *Soziale Lerntheorie* Banduras (vgl. Bandura, 1977), die dem Lernprozess im sozialen Kontext besondere Bedeutung beimisst und gleichzeitig die Rolle von *Selbst-Kontroll-Mechanismen* betont.

Danach unterliegen Gedanken, Verhalten und Gefühle *Lernprozessen* und werden durch vorausgehende Bedingungen und durch Verhaltenskonsequenzen gesteuert. Auch depressive Gedanken, Handlungen und Gefühle sind weitgehend gelernte Verhaltensweisen, die – vor dem Hintergrund der biologischen Disposition des Individuums – im Kontext der *Person-Umwelt-Interaktion* erworben werden. Zwischen Gedanken, Gefühlen und Verhalten wird weiterhin ein *reziproker Prozess* angenommen: Spezifische Gedanken und Handlungen erhöhen bzw. erniedrigen die Wahrscheinlichkeit für depressive Stimmung, und umgekehrt erhöht die depressive Stimmung die Wahrscheinlichkeit für depressives Denken und Verhalten. Damit werden Gedanken und Verhaltensweisen sowohl Auslöse- als auch Aufrechterhaltungsfunktion im depressiven Prozess zugesprochen. Umgekehrt wird daraus abgeleitet, dass die Reduktion depressionstypischer Gedanken

und Verhaltensweisen auch eine Reduktion der depressiven Verstimmung bewirkt (Muñoz & Ying, 1993, p. 74). Während bei depressiven Personen häufig gemeinsame, übergeordnete Klassen von depressiogenen Gedanken und Verhaltensmustern identifizierbar sind, wird darüber hinaus die Rolle spezifischer *idiosynkratischer Gedanken* und *Verhaltensweisen* betont, die von Person zu Person variieren und im Einzelfall in besondere Art und Weise mit der depressiven Stimmung verbunden sind. Unter Bezug auf das *Selbst-Kontroll-Modell* von Rehm (1977) werden somit spezielle dysfunktionale *Selbstwahrnehmungs-, Selbstbewertungs-* und *Selbstverstärkungstendenzen* angenommen, die das Risiko einer Person erhöhen, depressiv zu werden. Dementsprechend muss eine geeignete Intervention die Person anleiten, ihre Stimmung wahrzunehmen, ihre depressionstypischen Gedanken und Handlungen zu identifizieren, und die individuellen Zusammenhänge zwischen depressivem Fühlen, Handeln und Denken herauszuarbeiten.

Während diese Überlegungen den allgemeinen Hintergrundrahmen skizzieren, leiten sich die spezifischen behavioralen und kognitiven Module des vorliegenden Gruppenprogramms insbesondere aus dem *verstärkungstheoretischen Modell* der Depression von Lewinsohn (1974, 1975, Lewinsohn et al., 1979) und den *kognitions-psychologischen Modellen* von Ellis (Ellis & Harper, 1961, Ellis, 1977) und Beck (Beck et al., 1981) ab, die im Folgenden beschrieben werden.

1.2.2 Behaviorales Verstärkerverlustmodell

Nach dem *Verstärkerverlustmodell* von *Lewinsohn* (1974, 1975; Lewinsohn et al., 1979) wird eine Depression durch eine geringe Rate verhaltenskontingenter positiver Verstärkung – insbesondere im Bereich sozialer Interaktionen – ausgelöst und aufrechterhalten. Ein ähnlicher Effekt wird für eine hohe Rate bestrafender Erfahrungen (aversive Person-Umwelt-Interaktionen) postuliert. Als Folge geringer positiver Verstärkung oder hoher aversiver Interaktion erfolgt operant zunehmend Passivität und Rückzug, respondent nehmen gleichzeitig die emotionalen und somatischen Symptome der Depression zu. Bestimmte Faktoren beeinflussen dabei das Ausmaß an positiver Verstärkung oder Bestrafung, dem ein Individuum ausgesetzt ist. So kann die *aktuelle Lebenssituation* oder deren Veränderung mit einem gravierenden Verlust an positiver Verstärkung einhergehen bzw. hoch bestrafenden Charakter haben (z. B. durch den Verlust wichtiger Bezugspersonen, durch den Verlust des Arbeitsplatzes oder durch Rollenwechsel, aber auch aufgrund langandauernder Belastungen wie soziale Isolation, chronische Partnerkonflikte oder materielle Not). Weiterhin ist die *Anzahl* und *Qualität* von Aktivitäten zu berücksichtigen, die für eine Person insgesamt potentiell verstärkend sind, und die z. B. von Alter, Geschlecht und der persönlichen Lerngeschichte abhängen. Schließlich stellt das *Verhaltensrepertoire* des Individuums („skills") eine wesentliche Komponente dar, z. B. seine Fähigkeit, Verhalten zu zeigen, das von der Umwelt positiv verstärkt wird, oder mit aversiven Ereignissen adäquat umzugehen. Zusätzlich wird postuliert, dass depressives Verhalten kurzfristig durch soziale *Aufmerksamkeitszuwendung* aufrechterhalten wird, längerfristig jedoch eine *Vermeidung* durch Andere zur Folge hat, die zu weiterem Verstärkerverlust führt und die Depression verstärkt (Lewinsohn et al., 1979).

Die wesentlichen *therapierelevanten Implikationen,* die sich aus diesem Modell ableiten, sind, der betroffenen Person Fertigkeiten zu vermitteln, die geeignet sind, Anzahl und Qualität positiv-verstärkender Ereignisse – insbesondere im Bereich sozialer Interaktionen – zu erhöhen und negative, bestrafende Ereignisse zu reduzieren. In den behavioralen Elementen kognitiv-verhaltenstherapeutischer Interventionen wird dies – wie auch im vorliegenden Gruppenprogramm – durch Module abgebildet, die den Aufbau angenehmer, verstärkender Aktivitäten, den Abbau von belastenden Aktivitäten und Faktoren, sowie den Aufbau sozialer Fertigkeiten und Kontakte beinhalten.

1.2.3 Kognitive Modelle

Die *kognitions-psychologischen Modelle* von Ellis (Ellis & Harper, 1961, Ellis, 1977) und Beck (Beck et al., 1981) stellen den theoretischen Bezugsrahmen für die kognitiven Interventionsmodule des Gruppenprogramms dar. Diesen Modellen liegt die Annahme zugrunde, dass die Art und Weise, *wie* Menschen über sich selbst, über andere und über wahrgenommene Situationen *denken* (im Sinne von Annahmen, Einstellungen oder Meinungen), ihre *Handlungen* und *Gefühle* beeinflussen. Insbesondere emotionale Reaktionen – wie auch die depressive Verstimmung – werden als Konsequenzen bestimmter Überzeugungen, Gedanken und Annahmen interpretiert.

So sieht *Ellis* (1977) die Ursache fehlangepasster Emotionen und Handlungen in einer begrenzten Anzahl *irrationaler Vorstellungen* und *Leitsätze* (irrationale Überzeugungen), die eine Person im Laufe ihrer Lerngeschichte verinnerlicht hat, und die in konkreten Situationen ständig aktualisiert werden. Diese fehlerhaften Annahmen führen z. B. dazu, dass sich die betroffene Person mit unrealistisch hohen Anforderungen konfrontiert, die wiederum stark belastende *emotionale Überreaktionen* hervorrufen. Solche irrationalen Gedanken sind häufig über Aussagen wie „ich sollte ..., ich müsste ..., ich darf nicht ..., es wäre eine Katastrophe ..." etc. aufzuspüren. *Ziel* der Therapie ist es, solche irrationalen Leitsätze *aufzudecken,* zu *hinterfragen* und durch einen *rationalen inneren Dialog* zu ersetzen. Bei der rational-emotiven Theorie nach Ellis handelt es sich nicht um einen spezifischen Ansatz zur Erklärung und Behandlung depressiver Störungen, sie lässt sich auf eine ganze Reihe belastender emotionaler Reaktionen anwenden. Die im Rahmen des Modells entwickelte *ABCD-Methode* (A = aktivierendes Ereignis, B = kognitive Bewertung, C = emotionale Konsequenz, D = Diskussion) stellt jedoch eine sehr anschauliche und wirkungsvolle Methode zur Identifizierung und Diskussion dysfunktionaler, depressionsfördernder Gedanken dar und wird in verschiedenen Manualen zur kognitiven Verhaltenstherapie genutzt, so auch im vorliegenden Gruppenprogramm.

Nach dem Depressionsmodell von *Beck* (Beck et al., 1981) ist die Grundlage jeder depressiven Entwicklung eine kognitive Störung. Zentrales Element der Theorie sind die sogenannten *Kognitiven Schemata,* die relativ stabile, überdauernde kognitive Verarbeitungsmuster bezeichnen, mit der bestimmte Klassen von Ereignissen interpretiert werden. Inhaltlich äußern sich depressionstypische kognitive Schemata in der so genannten *Kognitiven Triade,* das sind negative Sichtweisen und Erwartungen gegenüber der *eigenen Person* („ich bin ein Versager", „ich bin wertlos", etc), der *Umwelt* („alle lehnen mich ab", „andere schaffen immer mehr" etc.) und der *Zukunft* („aus mir wird nie was", „das Leben ist und bleibt ein Jammertal"). Solche Schemata zeigen sich auch in charakteristischen *depressionstypischen Grundannahmen,* wie: „ich muß perfekt sein", „mir darf kein Fehler unterlaufen", „mich sollen alle mögen" „jemanden um Hilfe zu bitten, ist ein Zeichen von Schwäche" (hier wird auch die Nähe zu den irrationalen Überzeugungen nach Ellis deutlich). Erworben und verfestigt haben Depressive solche negative kognitive Schemata durch negative Lernerfahrungen in der Lebensgeschichte, aktiviert werden sie durch aktuell belastende Situationen oder durch die wiederkehrende Erfahrung, erhöhten Ansprüchen nicht gerecht zu werden. Diese negativen Schemata veranlassen die depressive Person zu bestimmten *kognitiven Fehlschlüssen* oder Verzerrungen, die wiederum die negativen Schemata verfestigen (z. B. willkürliche Schlussfolgerungen, selektive Verallgemeinerungen, Übergeneralisierung, Über- und Untertreibung oder Alles- oder Nichts-Denken). Diese Gedanken laufen *automatisch* ab und werden als plausibel erlebt. Inhaltlich kreisen sie immer wieder um Themen wie Hoffnungslosigkeit, Selbstkritik, Versagen und Flucht oder Vermeidung. *Therapieziele* nach diesem Modell sind, die automatischen, dysfunktionalen Gedanken – und in einem weiteren Schritt die zugrundeliegenden kognitiven Grundannahmen – zu *identifizieren*, zu *hinterfragen* und zu *korrigieren*. Der betroffenen Person soll damit zu einer realistischeren und hilfreicheren Sichtweise gegenüber sich selbst, der Umwelt und der Zukunft verholfen werden.

1.3 Depression als Kontinuum – zur Relevanz frühzeitiger Intervention

Nach Muñoz (Muñoz et al., 1987, Muñoz & Ying, 1993) liegen die Symptome einer Depression auf einem Kontinuum. Diese reichen von normalen Stimmungsschwankungen, z. B. als Reaktion auf alltägliche Ereignisse oder körperliche Zustände wie Übermüdung oder Überanstrengung, bis hin zu schweren depressiven Zuständen. Auch kann jeder Mensch unter ausreichend hohem Stress bzw. Belastung eine ausgeprägte Depression entwickeln. Dass verschiedene Personen Unterschiede in ihrer Depressionsbereitschaft als Reaktion auf ähnliche Ereignisse zeigen, wird zum einen als Ausdruck *individueller Lernmuster* bei der Bewältigung objektiver und subjektiver Situationen (wie soziale Interaktionen, subjektive Selbsteinschätzung etc.) betrachtet. Zum anderen wird angenommen, dass die Depressionsanfälligkeit eines Individuums durch dessen *biologische Prädisposition* beeinflusst wird.

Mit zunehmender Schwere einer Depression treten auch somatische Symptome in den Vordergrund, wie psychomotorische Hemmung, ausgeprägter Energieverlust und Schlaf- und Appetitstörungen, die nach Muñoz und Ying (1993) Ausdruck einer pervasiven biologischen Dysregulation sind. Ungeklärt ist, ob sich diese Symptome als Folge der schweren und anhaltenden depressiven Verstimmung entwickeln, oder aber, ob ein basaler Dysregulationsprozess anzunehmen ist, der den körperlichen Symptomen und der depressiven Verstimmung gemeinsam zugrunde liegt. Weiterhin wird eine *Reziprozität* zwischen depressiver Stimmung und biologischen Veränderungen postuliert. Unabhängig davon, welche dieser Komponenten chronologisch früher einsetzt, kann somit angenommen werden, dass eine gegenseitige Beeinflussung von reaktiver Verstimmung und biologischen Prozessen im Sinne eines *Aufschaukelungsprozesses* wirksam ist, der die Intensität und Dauer der einzelnen Komponenten gegenseitig verstärkt. Demnach ist zu erwarten, dass psychotherapeutische Interventionen, die über die Veränderung depressionsfördernder Denk- und Verhaltensmuster die depressive Verstimmung abschwächen, über diesen Weg auch zur Normalisierung der involvierten biologischen Mechanismen beitragen. Umgekehrt ist anzunehmen, dass somatische Interventionen, die direkt auf die Veränderung der biologischen Prozesse abzielen, im Gefolge auch eine Modifizierung der depressiven Verstimmung und der damit in Beziehung stehenden Kognitionen und Handlungen bewirken (Muñoz & Ying, 1993, p. 76). Unterstützt wird diese Sichtweise durch zahlreiche dokumentierte Befunde zur *vergleichbaren Wirksamkeit* kognitiv-verhaltenstherapeutischer und pharmakologischer Behandlung unipolarer Depressionen (vgl. Hautzinger, 1993, Jarrett & Rush, 1994, Persons et al., 1996). Dies trifft nach heutigem Wissensstand zumindest auf leichte bis mittelschwere Depressionen zu, während bei sehr schweren depressiven Episoden mit psychotischen bzw. ausgeprägten melancholischen Symptomen psychotherapeutische Interventionen gegenüber pharmakologischen Behandlungsansätzen weniger wirksam zu sein scheinen (Thase & Friedman, 1999).

Betrachtet man Depression als ein Kontinuum, so liegt es nahe, frühzeitige Interventionen anzubieten, die geeignet sind, die Entwicklung ausgeprägter depressiver Episoden mit entsprechend ungünstigen Krankheitsverläufen zu verhindern. Gerade im Vorfeld fachspezifisch-psychiatrischer Behandlung ist es notwendig, hier Interventionen anzubieten, die von den potentiellen KlientInnen akzeptiert und als nicht stigmatisierend erlebt werden. Wie aus Studien zur Einstellungsforschung hervorgeht, ist in der Bevölkerung die *Akzeptanz* psychologischer Interventionen bei psychischen Beschwerden im Vergleich zu pharmakologischen Interventionen weitaus größer (vgl. z. B. Angermeyer et al., 1993, 1996). Auch in Studien mit depressiven PatientInnen zeigt sich eine höhere Akzeptanz für Psychotherapie, was sich z. B. in geringeren drop-out Raten und einer höheren Konsumentenzufriedenheit widerspiegelt (vgl. Hautzinger et al., 1996, Thase & Friedman, 1999). Ein wesentliches Argument ist jedoch, dass bei nachgewiesener vergleichbarer Wirksamkeit in der Depressionsbehandlung (s.o.) kognitiv-verhaltenstherapeutischen Verfahren gerade im Falle präventiver bzw. früher Interventionen der Vorzug gegeben werden sollte, da sie der betroffenen Person *aktive Selbstkontrollstrategien* vermitteln, die nach Bedarf eingesetzt werden und so auch längerfristig Schutz vor einer Exacerbation der Symptomatik bieten können. Hinzu kommt, dass im Gegensatz zu pharmakologischen Frühinterventionen keine unerwünschten körperlichen Nebenwirkungen erfahren werden (vgl. Muñoz & Ying, 1993, p. 76).

1.4 Einordnung des Gruppenprogramms „Depressionen vorbeugen"

Das vorliegende Gruppenprogramm nach R.F. Muñoz hat seine historische Verankerung in dem von Lewinsohn, Muñoz, Youngren und Zeiss verfassten Selbsthilfeprogramm „Control your Depression" (deutsch: „Der Weg zum Seelischen Gleichgewicht", Lewinsohn et al., 1982). Ausgehend von diesem Selbsthilfe-Programm entwickelte die Arbeitsgruppe um Lewinsohn zunächst eine Adaptation zur Durchführung in Gruppen für depressive Patienten und Personen mit erhöhter subklinischer Depressivität, den „Coping with Depression Course" (Lewinsohn et al., 1984). Neben der amerikanischen Originalversion liegt dieses 12 Doppelstunden umfassende Gruppenprogramm auch in deutscher Bearbeitung vor („Depression bewältigen", Herrle & Kühner, 1994). Im amerikanischen Sprachraum wurden in der Folge weitere Programmvarianten für unterschiedliche Zielgruppen entwickelt, so z.B. für depressive Jugendliche (Lewinsohn et al., 1990), für Jugendliche mit erhöhtem Depressionsrisiko (Clarke et al., 1995), für ältere Menschen in der Gemeinde (Steinmetz et al., 1987) und für Betreuungspersonen alter Menschen (Lovett & Gallagher, 1988; vgl. ausführlicher Cuijpers, 1998; Kühner & Angermeyer, 1999). Auch der Muñozsche „Depression Prevention Course" (Muñoz, 1998), die amerikanische Originalversion des vorliegenden Gruppenprogramms, stellt eine solche Programmvariante auf der Grundlage des o.g. Selbsthilfeprogramms dar, bei der spezielle Anpassungen an die Bedürfnisse einer Präventions-

studie (s.u.) gemacht wurden. Schließlich weist auch das Gruppenmanual für ältere depressive Menschen von Hautzinger (2000), dessen theoretisches Rahmenkonzept das Modell der Selektiven Optimierung mit Kompensation nach Baltes und Carstensen (1996) darstellt, von der formalen Struktur und inhaltlichen Schwerpunktsetzung zahlreiche Gemeinsamkeiten mit den Lewinsohnschen Programmvarianten auf.

All den vorliegenden Gruppenprogrammen sind die folgenden *Merkmale* gemeinsam. Sie sind *themenzentriert* bzw. *störungsspezifisch*, indem sie auf depressive Probleme fokussieren. Weiterhin wird ein *psychoedukativer Ansatz* verfolgt, der durch strukturierte Sitzungen mit Informationsvermittlung, Übungen und Hausaufgaben-Besprechungen gekennzeichnet ist. Die Gruppen sind *übungs-* und *zielorientiert*, und die KursleiterInnen haben die Rolle von *TrainerInnen*, die die aktive Rolle der TeilnehmerInnen bei der Aneignung und Umsetzung der Kurselemente unterstützen und fördern. Schließlich werden im Rahmen eines *multimodalen Vorgehens* unterschiedliche Fertigkeiten vermittelt, die dem Auftreten bzw. der Aufrechterhaltung depressiver Beschwerden entgegenwirken sollen. Die vermittelten *kognitiv-verhaltenstherapeutischen Selbstkontrollstrategien* sind solche, die sich in der Depressionsbehandlung empirisch als *wirksam* erwiesen haben. Dies sind insbesondere Planung und Steigerung angenehmer Aktivitäten, kognitive Umstrukturierung depressionsfördernder Gedanken, Entspannung, Planung und Steigerung sozialer Aktivitäten, sowie Zukunftsplanung unter Berücksichtigung möglicher depressionsfördernder Lebensereignisse.

Im übergeordneten Kontext berücksichtigen solche Programme die von Zeiss, Lewinsohn und Muñoz (1979) formulierten *Wirksamkeitskomponenten* aller kognitiv-verhaltenstherapeutischer Interventionen: a) die Vermittlung eines anschaulichen und *plausiblen Störungs- und Interventionsmodells* auf der Grundlage des Selbstkontrollansatzes, b) die Vermittlung von Fertigkeiten, die für das tägliche Leben der KlientInnen von *Bedeutung* sind und zum *Behandlungsrational* in Beziehung stehen, c) die Betonung des *selbständigen* Gebrauchs dieser Strategien im Alltag und die Bereitstellung eines *strukturellen Settings,* das den schrittweisen Aufbau dieser Fertigkeiten ermöglicht, und d) die Förderung der *Selbstattribution* der KlientInnen, d.h. die wahrgenommene Stimmungsverbesserung bzw. Stabilisierung auf die gelernten Selbstkontrollstategien und nicht auf die Fertigkeiten der TherapeutIn zurückzuführen.

Was macht nun die Besonderheit des vorliegenden Gruppenprogramms „Depressionen vorbeugen" aus? Das Programm umfasst insgesamt *acht Sitzungen,* in denen inhaltlich folgende Themen bearbeitet werden (vgl. ausführlicher Kap. 2): Depression und Soziale Lerntheorie, Ansätze für Selbst-Kontroll-Strategien (Sitzung 1), Arbeit an dysfunktionalen, depressionsfördernden Gedanken (Sitzung 2 und 3), Planung und Aufbau angenehmer Tätigkeiten (Sitzung 4 und 5), Selbstsicheres Verhalten und Steigerung sozialer Aktivitäten (Sitzung 6 und 7), sowie Sicherung des bisher Erreichten und Zukunftsplanung (Sitzung 8). Darüber hinaus wird bereits in der ersten Sitzung eine Methode der *Kurzentspannung* eingeführt, die in verschiedenen Varianten über die gesamten Kurssitzungen durchgeführt wird. Gegenüber anderen Programmen ist es damit zunächst einmal wesentlich kürzer. Dabei handelt es sich beim vorliegenden Programm nicht lediglich um einen Auszug aus dem Lewinsohnschen Gruppenprogramm, sondern um spezifische Komponenten bezüglich Aufbau, Strukturierung und inhaltlichen Elementen, die aus dem ursprünglichen Selbsthilfeprogramm (Lewinsohn et al., 1982) entwickelt und angepasst wurden. Kennzeichnend ist hierbei, dass der Schwerpunkt bei der Vermittlung des Interventions-Rationals und der einzelnen Interventionsstrategien auf dem Aspekt der *Vorbeugung* liegt. Das vorliegende Programm setzt auch einen besonderen Akzent auf die *Rolle sozialer Netzwerke* und die *Einübung sozialer Kompetenz* anhand von praktischen Übungen.

Schließlich wurden in das deutschsprachige Manual *methodisch-didaktische Elemente* eingebaut, die die Vermittlung des Lernstoffs, der Übungen und der Hausaufgaben erleichtern. Visualisierungen anhand zahlreicher Folienvorlagen wurden integriert, um die Verständlichkeit der Kursinhalte zu optimieren. Für einzelne Kurselemente wurden darüber hinaus auch Materialien aus anderen Gruppenprogrammen integriert, die wir für die praktische Umsetzung von Übungen und Hausaufgaben unter didaktischen Gesichtspunkten als wertvoll erachteten. Sie sind im Manual an entsprechender Stelle gekennzeichnet[1].

---

[1] Wir bedanken uns an dieser Stelle ganz herzlich bei Professor Martin Hautzinger für die freundliche Überlassung von Materialien, sowie beim PVU-Verlag für die Abdruckgenehmigung.

1.5 Empirische Untersuchungen zum Gruppenprogramm

Das Originalprogramm wurde in den USA im Rahmen einer größeren Präventionsstudie, dem *„San Francisco Depression Prevention Research Project"* (Muñoz et al., 1987, 1995) eingesetzt. Das Projekt wurde mit PatientInnen aus Allgemeinarztpraxen durchgeführt, die aktuell nicht die Kriterien einer Major Depression nach DSM-III (American Psychiatric Association, 1980) erfüllten. Eine bestimmte Mindestausprägung subklinisch depressiver Symptome war keine Voraussetzung für die Teilnahme an dieser Studie. Die PatientInnen kamen überwiegend aus niedrigen Einkommenverhältnissen, die Mehrzahl gehörte ethnischen Minderheiten an. Die Studie verfolgte damit einen *selektiven* Präventionsansatz, indem geeignete Personen über deren Zugehörigkeit zu Bevölkerungsgruppen definiert waren, die bekanntermaßen im erhöhten Risiko für die Entwicklung depressiver Episoden stehen (hier: PatientInnen aus Allgemeinarztpraxen, niedriges Einkommen und ethnische Minderheit). Im Gegensatz dazu erhalten bei der *indikativen* Prävention nur solche Personen eine Intervention, die bereits eine individuell erhöhte subklinische Depressivität aufweisen (vgl. hierzu Mrazek & Haggerty, 1994).

Insgesamt 150 PatientInnen wurden randomisiert einer der folgenden Bedingungen zugewiesen: a) Gruppenintervention mit 8 Doppelstunden, b) unbehandelte Kontrollgruppe ohne Treatment, und c) Kontrollgruppe, die ein 40minütiges Video mit Erklärung der im Kurs verwendeten Methoden sah. Die PatientInnen wurden vor Kursbeginn und nach Kursende sowie sechs und zwölf Monate nach Eintritt in die Studie hinsichtlich der selbstberichteten depressiven Symptomatik und zur klinischen Diagnosenstellung nach DSM-III untersucht. Darüber hinaus wurden Skalen zu kognitiven und Verhaltensaspekten eingesetzt, die Risiko- bzw. Protektivfaktoren für depressive Symptomatik darstellen (Irrationale Einstellungen, Optimismus, Inventar positiver und negativer Gedanken, Liste angenehmer Aktivitäten, sowie ein Fragebogen zu sozialen Aktivitäten).

Gegenüber den beiden Kontrollbedingungen wiesen die TeilnehmerInnen der Gruppenintervention zu Kursende ein signifikant geringeres Ausmaß depressiver Symptome auf. Diese Unterschiede in der Symptomausprägung waren auch noch zum 6-Monats- und 1-Jahres-Follow-Up stabil. Zum 1-Jahres-Follow-Up erfüllten 3 % der Interventionsgruppe und 5.6 % der kombinierten Kontrollgruppe die DSM-III-Kriterien einer depressiven Episode. Die Stichprobengrößen der Studie lassen jedoch keine gesicherten Aussagen zur Effektivität der Intervention im Hinblick auf die Verhinderung solcher klinisch depressiver Episoden zu. Dies spiegelt ein generelles Problem der Präventionsforschung wider, nämlich dass sehr große Stichproben erforderlich sind, um überhaupt signifikante Effekte auf die Inzidenzreduktion nachweisen zu können.

Nach Kursende waren die KursteilnehmerInnen im Vergleich zu den Kontrollgruppen weniger pessimistisch, und sie berichteten mehr positive, selbstbelohnende und weniger negative, selbstbestrafende Gedanken und führten mehr angenehme und soziale Aktivitäten durch. Zusätzlich zeigte sich, dass die Verringerung negativer Gedanken und die Zunahme angenehmer Aktivitäten eine Reduktion der depressiven Symptomatik zur Folge hatte.

Eine Detailanalyse der Daten (Miranda & Muñoz, 1995) ergab, dass diejenigen TeilnehmerInnen, die eine deutlich erhöhte subklinische Depressivität aufwiesen (Beck Depressionsinventar (deutsch: Hautzinger et al., 1994) ≥ 18) gegenüber vergleichbaren Kontrollpersonen auch eine deutlichere Abnahme von Somatisierungssymptomen aufwiesen. Auch dieser Unterschied waren zum 1-Jahres-Follow Up noch nachweisbar.

Bei dem hier beschriebenen Projekt handelt es sich um die bis heute einzige Studie, die im Rahmen eines strikten Randomisierungsdesigns präventive Effekte einer Gruppenintervention auf Depressionen untersucht hat. Die Ergebnisse legen nahe, dass das Programm geeignet ist, subklinisch depressive Symptomatik zu reduzieren und Kognitionen und Verhaltensweisen, die im Zusammenhang mit der depressiven Symptomatik stehen, günstig zu beeinflussen. Um konkrete Aussagen zur Effektivität des Programms im Sinne einer Verhinderung *depressiver Episoden* zu machen, sind jedoch größere Stichproben mit ausreichendem Beobachtungszeitraum erforderlich. Zur Beantwortung solcher Fragestellungen ist aus unserer Sicht nach derzeitigem Kenntnisstand ein *indikativer* Präventionsansatz mit der Beschränkung auf Hochrisiko-Personen mit erhöhter subklinisch depressiver Symptomatik vorzuziehen.

Das „*Outcomes of Depression International Network Project ODIN*" (Dowrick et al., 1998) untersucht in einer europaweiten Multicenter-Studie Prävalenz, Risikofaktoren und Verlauf depressiver Störungen in der städtischen und ländlichen Bevölkerung (geplantes n = 15000). Ein zweites Ziel ist die Untersuchung der Effekte zweier psychologischer Interventionen auf den Depressionsverlauf von Personen aus dieser Bevölkerungsstudie, die bei Studieneinschluss die Kriterien einer depressiven Störung erfüllen, wobei hier auch leichte depressive Episoden und depressive Anpassungsstörungen eingeschlossen sind. Im Rahmen dieser ebenfalls randomisierten Interventionsstudie wird das Muñozsche Programm als einer der beiden Behandlungsarme eingesetzt und dessen Effektivität im Vergleich zu einem individuellen Problemlösetraining und einer unbehandelten Kontrollbedingung geprüft. Das Gruppenprogramm wird auch hier über acht Sitzungen durchgeführt. Die Länge der einzelnen Sitzungen ist jedoch auf 2.5 Stunden erhöht, um eine Vergleichbarkeit mit den individuellen Problemlösesitzungen zu gewährleisten, und das Kurs-Modul zu sozialen Aktivitäten wurde erweitert (Dowrick, persönliche Mitteilung). Aus diesem Projekt sind noch keine Ergebnisse zur Effektivität der Gruppenintervention publiziert.

Im Rahmen der von uns am Zentralinstitut für Seelische Gesundheit, Mannheim, durchgeführten Pilotstudie „*Frühintervention bei PatientInnen aus Allgemeinarztpraxen*" (Kühner et al., 2000) wurde das Muñozsche Programm aus dem Amerikanischen übersetzt und adaptiert (vgl. Kap. 1.4). Hauptanliegen dieser Pilotstudie war es, die Durchführbarkeit des Gruppenprogramms in diesem Setting zu untersuchen und eine Bedarfsabschätzung für eine geplante größere Studie mit kontrolliertem Studiendesign vorzunehmen. Zu diesem Zweck wurde über einen Zeitraum von 14 Tagen in drei Mannheimer Arztpraxen ein Probe-Screening (T1) mit dem General Health Questionnaire (GHQ-12, Goldberg & Williams, 1988) durchgeführt. Der GHQ-12 ist ein bewährter Screening-Fragebogen zur Erfassung psychischer Auffälligkeit in der Allgemeinbevölkerung. Angesprochen wurden alle PatientInnen im Alter von 18–65 Jahren, die der deutschen Sprache ausreichend mächtig waren. Die Ausgabe der Fragebögen erfolgte anonymisiert über die Arzthelferinnen, die PatientInnen erhielten ein Informationsblatt über die Inhalte und Ziele unserer Studie, auf dem sie ankreuzen sollten, ob sie zu einem ausführlichen diagnostischen Gespräch bereit sind und/oder Interesse an einem Kursangebot haben. In diesem Fall gaben die PatientInnen Name und Tel.-Nr. auf dem Informationsblatt an, um uns eine Kontaktaufnahme zu ermöglichen. Insgesamt 240 PatientInnen füllten den GHQ-12 aus.

Mit PatientInnen, die Interesse an einer weiteren Studienteilnahme bekundeten, wurden im Anschluss ein diagnostisches Baseline-Interview

(T2) und ein Drei-Monats-Follow-Up (T3) durchgeführt. In diesen Interviews wurden folgende diagnostischen Verfahren eingesetzt: Die klinisch-psychiatrische Diagnostik nach DSM-IV (APA, 1998) wurde mit der deutschsprachigen Version der Primary Care Evaluation of Mental Disorders (PRIME-MD, Spitzer et al., 1997) durchgeführt, das die häufigsten psychischen Störungen von PatientInnen im allgemeinärztlichen Setting erfasst. Die fremdbeurteilte Depressionsschwere wurde mit der Hamilton Depressionsskala erhoben (HAMD, CIPS, 1996), die selbstbeurteilte Depressivität mit dem Fragebogen zur Depressionsdiagnostik nach DSM-IV (FDD-DSM-IV, Kühner, 1997). Das psychosoziale Funktionsniveau wurde mit der Social and Occupational Functioning Assessment Scale aus DSM-IV (SOFAS, APA, 1998) eingeschätzt, die subjektive Lebensqualität mit dem WHO-Fragebogen zur gesundheitsbezogenen Lebensqualität (WHOQOL-BREF, Angermeyer et al., 2000). Bei den KursteilnehmerInnen (s. u.) wurde zusätzlich in der ersten und letzten Kurssitzung die Skala Irrationaler Grundüberzeugungen nach Ellis (SIGE, Herrle & Ellis, im Druck) erhoben.

28 PatientInnen bekundeten beim diagnostischen Baseline-Interview (T2) Interesse, an unserem Kursprogramm teilzunehmen. Aus diagnostischen Gründen (Alkoholabhängigkeit, organische Störung) mussten vier PatientInnen vom Programm ausgeschlossen werden. Zehn weitere KursinteressentInnen konnten aus praktischen Gründen kein Kursangebot wahrnehmen (Urlaub, Wechselschicht, Kuraufenthalt, etc.). Das Kursprogramm wurde schließlich in zwei Gruppen mit insgesamt 14 PatientInnen durchgeführt, die Intervention fand zwischen T2 und T3 statt. Um Stigmatisierungsproblemen vorzubeugen, wurden die Kurse nicht am Zentralinstitut für Seelische Gesundheit, sondern in einer Einrichtung des Deutschen Paritätischen Wohlfahrtsverbands, dem Mannheimer Gesundheitstreff, durchgeführt.

Das Durchschnittsalter der KursteilnehmerInnen lag bei 39,8 Jahren (SD 9.5), 71,4 % waren Frauen. 42,9 % hatten einen Hauptschul-Abschluss, die restlichen eine höherqualifizierte Schulausbildung, und 71,4 % waren berufstätig. 50 % der TeilnehmerInnen waren zum Zeitpunkt des Kurses alleinlebend. In der vorliegenden offenen Pilotstudie wurden keine strengen Einschlusskriterien bezüglich der depressiven Mindestsymptomausprägung gemacht. Die DSM-IV Diagnosen vor Kursbeginn (PRIME-MD T2) waren wie folgt verteilt: partielle Major Depression (n=1), Dysthymie (n=1), Minor Depression (n=3),

Angststörungen mit erhöhter subklinisch-depressiver Begleitsymptomatik (n=4), erhöhte subklinisch-depressive Symptomatik, keine PRIME-MD Diagnose (n=2), keine PRIME-MD Diagnose, keine erhöhte subklinische Depressivität (n=4). Erhöhte subklinisch-depressive Symptomatik war hier definiert durch einen HAMD-Summenwert von ≥ 10 oder einen FDD-DSM-IV- Summenwert von ≥ 10.

Im Folgenden werden einige Ergebnisse zum Interventionsverlauf der 14 KursteilnehmerInnen vorgestellt. Die Unterschiedshypothesen wurden hier aufgrund der kleinen Stichprobengröße mit dem Wilcoxon-Test, einem verteilungsfreien Verfahren für Paardifferenzen auf Ordinalskalenniveau, überprüft (vgl. Bortz 1993). Die fremd- und selbstbeurteilte Depressivität waren von Prä (T2) nach Post (T3) signifikant reduziert (HAMD: 6.0 (SD 4.4) vs. 2.0 (SD 3.3), p <.05; FDD-DSM-IV: 11.9 (SD 6.8) vs. 5.2 (SD 5.3), p <.01), wie auch das Ausmaß irrationaler Überzeugungen (SIGE: 39.6 (SD 6.0) vs. 33.0 (SD 6.9), p <.01). Das psychosoziale Funktionsniveau der PatientInnen lag zum Post-Test gegenüber dem Prä-Test signifikant höher (SOFAS: 77.2 (SD 13.9) vs. 91.6 (SD 6.7), p <.01). Die subjektive Lebensqualität der PatientInnen (WHOQOL-BREF) verbesserte sich in den Bereichen „psychische Gesundheit" (63.0 (SD 15.1) vs. 71.2 (SD 16.9), p <.05) und „Allgemeine Lebensqualität" (53.1 (SD 16.1) vs. 63.5 (SD 21.0), p <.05), während sich für die Subskalen „körperliche Gesundheit", „soziale Beziehungen" und „Umgebung" keine statistisch signifikanten Veränderungen zeigten.

In der letzten Kurssitzung wurde eine schriftliche Rückmeldung zum Kursprogramm eingeholt. Die TeilnehmerInnen schätzten auf einer 10-stufigen Skala ihr aktuelles Befinden im Vergleich zum Zeitpunkt vor Kursbeginn ein (0: sehr viel schlechter, 5: gleich, 10: sehr viel besser). Der Median dieser Einschätzung lag bei 7 (Range 5– 8). Auf die Frage, von welchen Kurselementen die TeilnehmerInnen am meisten profitiert hatten – wobei Mehrfachantworten möglich waren –, nannten 90 % das Modul „Arbeiten an Gedanken" (Sitzung 2 und 3) und 73 % das Modul „Arbeiten an Aktivitäten" (Sitzung 4 und 5). Die qualitativen Rückmeldungen zum Kursprogramm war durchweg positiv.

Die hier aufgeführten Ergebnisse sind aufgrund des offenen Charakters dieser Pilotstudie, der kleinen Fallzahl und des Fehlens einer Kontrollgruppe selbstverständlich nur als erste Hinweise für die Wirksamkeit des Programms zu betrachten. In Planung ist derzeit ein größeres Projekt mit randomisiertem Studiendesign, um die Effekte des Programms unter Einschluss einer nichtbehandelten Kontrollgruppe statistisch abzusichern. Unter Einbeziehung der bereits vorliegenden positiven Ergebnisse der Muñozschen Präventionsstudie (s. o., Muñoz et al., 1987, 1995) gehen wir davon aus, dass ein solches Programm zu einer entscheidenden Verbesserung der psychotherapeutischen Versorgung im Sinne einer Frühintervention bei subklinisch depressiven PatientInnen beitragen kann, welche nach den Ergebnissen zahlreicher Studien im erhöhten Risiko stehen, behandlungsbedürftige depressive Episoden zu entwickeln.

Kapitel 2

Praxis des Kursprogramms

In diesem Kapitel möchten wir die wichtigsten Informationen weitergeben, die zur Vorbereitung und Durchführung des Kurses benötigt werden.

Zunächst werden wir einige Hinweise zur Durchführung geben. Wir zeigen, für welche TeilnehmerInnen sich das Kursprogramm eignet, welche Rolle die KursleiterInnen einnehmen, und klären allgemeine Rahmenbedingungen wie Raum und Dauer der Durchführung. Schließlich werden wir auf die bereitgestellten Materialien, insbesondere auf das KursleiterInnenmanual als grundlegendes Durchführungsinstrument, ausführlich eingehen. Der Ablauf der Sitzungen ist weitgehend standardisiert, was die Handhabbarkeit des Kursprogramms erleichtern und unser Vorgehen so anschaulich wie möglich darstellen soll. Dies soll jedoch nicht zu einer unflexiblen, starren Befolgung von Ablauf und Inhalt anregen. Oberste Priorität für die AnwenderInnen ist es, sich an den Bedürfnissen der Gruppe zu orientieren und die Elemente des Kursprogramms als flexibel einzusetzendes hilfreiches Gerüst für die Durchführung der Gruppen zu nutzen. Grundlegende psychologische und psychotherapeutische Fähigkeiten und Fertigkeiten zur Leitung und Durchführung von psychoedukativen Gruppen setzen wir voraus. Detailliertere Hinweise zur Durchführung solcher psychoedukativer Gruppen finden sich bei Herrle und Kühner (1994).

2.1 Hinweise zur Durchführung

2.1.1 Anwendungsbereiche

Das Kursprogramm ist aufgrund seines psychoedukativen und präventiven Charakters eine Intervention, die auch gerne von Personen angenommen wird, die psychotherapeutischen Maßnahmen eher skeptisch gegenüber stehen und sich selbst nicht als krank oder behandlungsbedürftig im eigentlichen Sinne betrachten.

Insgesamt ist es ratsam, die Indikationsschwelle für die Kursteilnahme sehr niedrig zu halten. Das Gruppenprogramm ist primär indiziert für Personen mit subklinischen depressiven Beschwerden, die an der Stabilisierung ihrer Stimmung arbeiten

möchten (*primäre Prävention*)[1]. Gleichermaßen kann es auch zur *Rückfallprophylaxe* bei depressiven PatientInnen eingesetzt werden, die derzeit remittiert sind. Darüber hinaus spricht u.E. auch nichts gegen den Einsatz des Kurses als *zusätzliche* psychoedukative *Begleitmaßnahme* bei depressiven PatientInnen mit leichter bis mittelschwerer Depression, die sich gleichzeitig in individueller Behandlung befinden. Dabei ist es unerheblich, ob es sich um ein stationäres oder ambulantes Setting handelt. Denkbar ist auch der Einsatz des Kursprogramms als Begleitmaßnahme im stationären oder ambulanten Setting bei PatientInnen mit anderen Hauptdiagnosen (z.B. körperlichen Krankheiten), bei denen sekundäre Stimmungsprobleme vorliegen.

Wie bereits angeklungen, sind nur sehr wenige *Ausschlusskriterien* für die Teilnahme am Kurs vorgesehen. Es werden nur solche Personen ausgeschlossen, von denen vermutet wird, dass sie die Arbeit an den Inhalten des Kurses deutlich erschweren, sogar unmöglich machen oder aufgrund ihrer Beeinträchtigung die Inhalte nicht aufnehmen oder nicht von diesen profitieren können. Dies ist sowohl bei schwer Depressiven der Fall als auch bei akut psychotischen PatientInnen oder bei PatientInnen mit ausgeprägtem Alkohol- oder Drogenmissbrauch, bei hirnorganischen Beeinträchtigungen oder geistiger Behinderung etc. Eine medikamentöse Behandlung (z.B. mit Antidepressiva) ist kein Ausschlusskriterium, ebenso wenig wie eine parallele Einzelpsychotherapie (s.o.). Eine geringere intellektuelle Leistungsfähigkeit oder höheres Alter sind keine grundsätzli-

---

[1] Für alle AnwenderInnen ist die Frage der Finanzierung einer solchen präventiv angelegten psychoedukativen Intervention von großem Interesse. Seit dem 1. Januar 2000 sind Leistungen zur Verhütung von Krankheiten, Leistungen zur primären Prävention, gesetzlich verankert (Sozialgesetzbuch V §20, Abs. 1). Die Entscheidung der Spitzenverbände der Krankenkassen darüber, welche Maßnahmen in den Leistungskatalog der Kassen aufgenommen werden, ist zur Zeit noch offen (Stand: 10.8.00). Sobald die Richtung von den Spitzenverbänden vorgegeben wird, stehen Satzungsänderungen der Krankenkassen an. Wann dies sein wird, ist derzeit ebenfalls noch offen. Für das vorliegende Kursprogramm haben Krankenkassen bereits prinzipiell die Bereitschaft bekundet, bei entsprechender Indikation für die Teilnahme Kosten zu übernehmen.

chen Hinderungsgründe für die Kursteilnahme. Das Kursprogramm ist didaktisch so aufbereitet, dass auch einfacher strukturierte TeilnehmerInnen vom Kurs profitieren können.

Insgesamt ist es jedoch ratsam, auf eine gewisse *Homogenität der Gruppenzusammensetzung* (bezüglich der intellektuellen Leistungsfähigkeit, der Hauptdiagnosen, wenn das Programm als flankierende Maßnahme eingesetzt wird, etc.) zu achten. Dies ermöglicht es den KursleiterInnen auf die spezifischen Besonderheiten der Klientel einzugehen.

2.1.2 KursleiterInnen

Der Kurs kann von einer oder zwei KursleiterInnen durchgeführt werden. Zwei KursleiterInnen bieten unterschiedliche Lernmodelle für die TeilnehmerInnen sowie die Möglichkeit einer flexibleren Darstellung des Lernstoffs. Eine der LeiterInnen hat in der Regel jeweils einen besseren Zugang zu einzelnen Mitgliedern der Gruppe, so dass zwei LeiterInnen insgesamt einen umfassenderen Kontakt zur Gruppe ermöglichen.

Die KursleiterInnen sollen verhaltenstherapeutisch ausgebildet sein sowie über Erfahrung mit depressiven KlientInnen und der Moderation von Gruppen verfügen. Vor der Durchführung des Kurses sollen sie sich mit dem gesamten Manual und den Hausaufgaben vertraut machen.

Die spezielle *Rolle der KursleiterInnen* ergibt sich daraus, dass es sich bei dem Kursprogramm um eine psychoedukative Intervention handelt. Die Funktion der KursleiterInnen ist dabei nicht, die Probleme oder Krisen einzelner TeilnehmerInnen therapeutisch zu bearbeiten, sondern möglichst optimale Lernbedingungen für alle zu schaffen. Das heisst – anschaulich und an der Gruppe orientiert – Wissen zu vermitteln, ein optimales Übungssetting für alle bereitzustellen, auf Fragen der TeilnehmerInnen in einer allgemeinen Art und Weise einzugehen, diese zu beantworten und lösungsorientierte Rückmeldungen und Anregungen zu geben. Es heißt auch, Fortschritte der TeilnehmerInnen positiv zu verstärken und zu weiteren Schritten zu ermutigen. Wird sichtbar, dass eine TeilnehmerIn weitergehende psychotherapeutische Hilfe benötigt (falls diese nicht bereits parallel gegeben ist), so müssen die KursleiterInnen darauf hinweisen, dass diese nicht durch den Kurs geleistet werden kann, und solche Gruppenmitglieder verantwortungsvoll auf externe Hilfsangebote verweisen.

2.1.3 Setting, Raum und Zeit

Setting	Die Gruppen, in denen das Kursprogramm durchgeführt wird, sollen ca. 6–8, bei zwei KursleiterInnen bis zu 10 TeilnehmerInnen umfassen. Psychotherapeutische und Arztpraxen, psychiatrische und psychosomatische Kliniken, Kur- und Rehabilitationskliniken, psychosoziale Einrichtungen und Bildungsstätten bieten u. a. geeignete Rahmenbedingungen.
Raum	Die Räumlichkeit soll eine kreisförmige Sitzanordnung ermöglichen. Günstig ist eine Anordnung ohne Tische, bei der die KursleiterInnen mit allen TeilnehmerInnen im Blickkontakt bleiben können. Ein Overheadprojektor und Projektionsfläche sind notwendig. Eine Tafel oder ein Flip-Chart ist insbesondere für die Rollenspiele und die Durchführung sonstiger Übungen zu empfehlen.
Zeit	Die Sitzungen sind so aufgebaut, dass sich die Inhalte in 90–100 Minuten durchführen lassen. Insbesondere in der 6. Sitzung, in der möglichst viele Rollenspiele durchgeführt werden sollen, lässt sich das geplante Programm i. d. R. nicht in der jeweiligen Sitzung zu Ende bringen. Hier bietet die 7. Sitzung einen zeitlichen Puffer, der für weitere praktische Übungen genutzt werden soll.

2.2 Aufbau und Ablauf des Kurses

2.2.1 Aufbau des Manuals

Die Sitzungen des Kurses werden gegliedert anhand des Verhaltensdreiecks, das die wechselseitige Beeinflussung von Denken, Handeln und Fühlen verdeutlicht. In der ersten Kurssitzung werden das Dreieck und seine Ansatzpunkte zur Beeinflussung depressiver Gefühle erklärt. Zu Beginn jeder folgenden Sitzung wird bezugnehmend auf das Dreieck erklärt, an welcher Ebene die Kurselemente der aktuellen Sitzung ansetzen. Dementsprechend bearbeiten die Sitzungen folgende Schwerpunkte:

Sitzung 1	Einführung in die Grundprinzipien des Kurses
Sitzung 2 und 3	Arbeit an den Gedanken
Sitzung 4 und 5	Arbeit an den Aktivitäten
Sitzung 6 und 7	Selbstsicherheit und befriedigende soziale Kontakte
Sitzung 8	Zusammenfassung und Zukunftsplanung

Darüberhinaus werden in jeder Sitzung kurze Entspannungsübungen durchgeführt (siehe S. 23). In Tabelle 1 sind die einzelnen Kurssitzungen im Überblick aufgeführt.

Tabelle 1: Die Kurssitzungen im Überblick

	Sitzung 1:
Einführung	– Kennenlernen – Grundprinzipien des Kurses – Definition und Vorkommen depressiver Störungen – Prinzipien der Sozialen Lerntheorie – Wechselseitige Beeinflussung von Denken, Handeln, Fühlen (Dreieck) – Selbstkontrollstrategien
	Sitzung 2:
Wie unsere Gedanken die Stimmung beeinflussen/ Lernen, die Gedanken zu verändern (I)	– Kognitive Strategien zur Identifizierung und Bearbeitung dysfunktionaler, depressionsfördernder Gedanken – Typische Denkfehler – Steigerung positiver Gedanken – Verminderung negativer Gedanken
	Sitzung 3:
Lernen, die Gedanken zu verändern (II)	– Irrationale Überzeugungen – Ansatz für konstruktives Denken (nach Ellis)
	Sitzung 4:
Wie unsere Aktivitäten die Stimmung beeinflussen	– Aufbau und Planung ausgleichender Tätigkeiten – Depressive Spirale – Einführung der Wochenplanung
	Sitzung 5:
Angenehme Aktivitäten steigern	– Gründe, die angenehme Tätigkeiten und Erfahrungen erschweren – Planung angenehmer Tätigkeiten – Einzelne Schritte des Aktivitätsplans
	Sitzung 6:
Wie Kontakte mit anderen unsere Stimmung beeinflussen/ Selbstsicheres Verhalten	– Möglichkeiten zur Stärkung des Sozialen Unterstützungsnetzwerks – Soziale Kompetenz/Selbstsicheres Verhalten – Adäquate Kommunikation: typische Fehler und Stile, Ich-Botschaften
	Sitzung 7:
Kontakte mit anderen Menschen verbessern	– Planung und Stabilisierung sozialer Kontakte – Probleme, die Freude an sozialen Aktiviäten beeinträchtigen
	Sitzung 8:
Für die Zukunft planen	– Zusammenfassung der Grundlagen des Kurses – Stabilisierung der Erfolge/Verankerung des Gelernten – Wichtige Ereignisse und Lebensveränderungen vorausplanen – Lebensziele, Werte, Wertekonflikte – Das Prinzip der Vorbeugung

Jede Sitzung ist nach einem *einheitlichen Schema* beschrieben.

Die *Übersicht* auf dem *Deckblatt* der jeweiligen Sitzungen fasst wesentliche Punkte zur Vorbereitung des Kurses zusammen:

Inhalt	die Themen der Sitzung sind aufgeführt
Gliederung	die Gliederungspunkte der Sitzungen sind verzeichnet
Übungen	Befragungen, Diskussionen, praktische Einzel- und Gruppenübungen sowie Rollenspiele sind erwähnt
Materialien	die benötigten Arbeitsblätter (**M**) und Materialien, die vor Beginn des Kurses zu besorgen sind und unserem Kursprogramm nicht beiliegen, werden aufgeführt. Stifte und Schreibunterlagen für die TeilnehmerInnen sollten zu jeder Sitzung bereitliegen. Ein Overheadprojektor wird vorausgesetzt. Falls kein Projektor zu Verfügung steht, können die Vorlagen für die Folien entweder an die Tafel geschrieben oder für die TeilnehmerInnen vervielfältigt werden

Es schließen sich die wichtigsten Punkte zur kurzen *Wiederholung* der vorhergehenden Sitzung an.

Schließlich folgt der *Hauptteil* mit dem neuen Lernmaterial, das anhand der zahlreichen Folien vermittelt wird.

Der Hauptteil wird in jeder Sitzung an geeigneter Stelle durch die *Kurzentspannung* unterbrochen. Das bedeutet nicht, dass die Kurzentspannung genau an der Stelle durchgeführt werden muss, an der sie im Manual vorgesehen ist. Die Kurzentspannung kann grundsätzlich dann durchgeführt werden, wenn es sich für die Gruppe anbietet. In Kapitel 5 befinden sich die Anleitung und verschiedene Versionen der Kurzentspannung.

In den **Kästen** stehen Merktexte und Informationen für die KursleiterInnen
- Alle Anweisungen für die KursleiterInnen, Beispiele, hilfreiche Tipps, Folien, Kurzentspannung, Blitzlicht, Anleitungen für die Durchführungen der Übungen und An-

wendung der Arbeitsblätter (**M**) etc. sind unter diesem Zeichen zu finden
- Wann welche Folien aufzulegen sind, ist im grau unterlegten Teil der Kästen vermerkt

Der Haupttext der Sitzungen ist ausserhalb der Kästen plaziert. Er enthält die jeweiligen Informationsblöcke sowie direkte Fragen, Erklärungen und Instruktionen an die TeilnehmerInnen. Der Text ist in direkter Anrede formuliert, so dass er auch vorgelesen werden kann.

Unter dem Stichwort „*Vom Kurs zu den Hausaufgaben*" werden am Ende jeder Sitzung die Hausaufgaben beschrieben. Während die KursleiterInnen die Hausaufgaben erläutern, sollen die TeilnehmerInnen diese im Übungsbuch mitlesen. Hausaufgaben sind ein wichtiger Bestandteil des Kursprogramms. Sie bieten die Möglichkeit, das Gelernte im Alltag zu erproben. Für die Compliance der TeilnehmerInnen erscheint die adäquate Einführung der Hausaufgaben sehr wichtig. Es ist vorteilhaft, die Hausaufgaben als Gelegenheit oder Experiment vorzustellen, um eigene Erfahrungen zu sammeln und neue Verhaltensweisen und Sichtweisen spielerisch zu erproben. Bei der Einführung der Hausaufgaben ist die Anknüpfung an die in Sitzung 1 eingeführte Soziale Lerntheorie sinnvoll, wie sie im KursleiterInnenmanual (S. 28) vorgeschlagen wird.

Ein Problem kann darin bestehen, dass zumindest einige Gruppenmitglieder die Hausaufgaben nicht oder nur teilweise erledigen. Hausaufgaben im Rahmen eines Kurses sind im Gegensatz zu den Hausaufgaben in Einzeltherapien weniger auf die Einzelne zugeschnitten und zudem relativ umfangreich. Dementsprechend wird der Ansatz verfolgt, nicht auf eine vollständige Bearbeitung der Hausaufgaben zu bestehen. Dennoch ist es ratsam, die Hausaufgaben klar und eindeutig zu vertreten, zu erklären und intensiv nachzubesprechen, indem auf individuelle Probleme und Besonderheiten bei der Erledigung eingegangen wird. Oberflächliche Betrachtung der Hausaufgaben oder optionale Aufgabenstellungen bestärken eher noncompliante TeilnehmerInnen und entmutigen diejenigen, die mit den Hausaufgaben neue Schritte gewagt haben.

2.2.2 Folien

Die Folien umfassen das gesamte Lehrmaterial in Stichpunkten und Abbildungen. Die KursleiterInnen können den Kurs weitgehend anhand der Folien durchführen. Auch die Arbeitsblätter (**M**) liegen als Folien vor, so dass sie während der Übungen über den Overheadprojektor projiziert werden können.

2.2.3 Übungsteil für KursteilnehmerInnen

Der Übungsteil für KursteilnehmerInnen gibt die Inhalte des Kurses vollständig wieder. Er ist ähnlich wie das KursleiterInnenmanual gegliedert in eine stichpunktartige *Wiederholung* der vorhergehenden Sitzung, eine Zusammenfassung der *Inhalte* der aktuellen Sitzung, den *Hauptteil* mit *neuem Lernmaterial* und schließt ab mit den *Hausaufgaben*.
Die Arbeitsblätter (**M**) sind den jeweiligen Sitzungen im Übungsteil angehängt.

2.2.4 Kurzentspannung

In Kapitel 5 wird eine Anleitung für die Kurzentspannung gegeben, die in jeder Sitzung durchgeführt wird. Hierzu wurde die Methode der Wahrnehmungslenkung durch Phantasiereisen gewählt. Dies stellt eine einfache Methode dar, die nicht lange eingeübt werden muß, um Erfolge zu sehen und sie alleine anzuwenden[2].
Die *Entspannungsübung* wird in der Sitzung 1 mit der Überleitung zur Entspannung eingeführt, in den weiteren Sitzungen nur noch mit der Vorübung (siehe Kapitel 5). In Sitzung 2 wird die Entspannung nochmals ausführlicher besprochen und in den *Kontext des Verhaltensdreiecks* eingeordnet: „Entspannung als eine Methode, die am ehesten geeignet ist, Gefühle auf direktem Wege positiv zu beeinflussen".
Der Vorübung folgt entweder die Variante „Am Strand" oder die Variante „Zufluchtsort", die vor allem in den ersten Sitzungen eingesetzt wird, um den TeilnehmerInnen die Möglichkeit zu bieten, einen Ruheort zu finden, den sie zur Entspannung auch zwischen den Sitzungen aufsuchen sollen.
Die Entspannungsübung wird abgeschlossen mit einer kurzen Aktivierung des Kreislaufs, bei der sich die TeilnehmerInnen rekeln, strecken und aufstehen sollen, sowie deren Rückmeldung über das momentane Befinden.

---

[2] Varianten solcher Phantasiereisen finden sich z. B. bei Müller (1996).

2.2.5 Pausen

Das Kursprogramm ist so aufgebaut, dass Phasen der Konzentration, Übungen, Austausch und Entspannung abwechseln. Es ist günstig, mit den TeilnehmerInnen zu Beginn der Kurse abzustimmen, ob *zusätzliche Pausen* erwünscht sind oder nicht. Falls Pausen erwünscht sind, wird eine verbindliche Pausenregelung abgesprochen. Erfahrungsgemäß wünschen die TeilnehmerInnen jedoch keine Pausen. Grundsätzlich ist hier ein flexibles, klientenzentriertes Vorgehen angebracht.

2.2.6 Blitzlicht

Ein *Blitzlicht* soll mindestens am Ende der ersten, der vierten und der letzten Sitzung durchgeführt werden. Dies ist an den entsprechenden Stellen im Manual vermerkt. Auch hier ist ein flexibles Vorgehen wichtig. In bestimmten Situationen mag es deshalb sinnvoll sein, zusätzliche Rückmeldungen über ein Blitzlicht zu erbeten. Rückmeldungen sind vor allem wichtig, um in engem Austausch mit den TeilnehmerInnen zu bleiben und deren Bedürfnisse zu berücksichtigen oder aber gegebenenfalls Erwartungen in Bezug auf den Kurs zu korrigieren.
Gerade bei größeren Gruppen ist es erforderlich, das Blitzlicht *ausführlich einzuführen:* Es wird darauf hingewiesen, dass ein Statement im Rahmen eines Blitzlichts kurz sein soll. Die eigene Meinung oder das eigene Gefühl werden mitgeteilt, und die Anderen werden gebeten, dieses Statement unkommentiert stehen zu lassen. Die KursleiterInnen können u.U. nachfragen, um das Gesagte zu verdeutlichen. Falls ein Statement zu viel Zeit in Anspruch nimmt, ist es günstig, mit dem Hinweis darauf zu unterbrechen, dass Gelegenheit besteht, das angesprochene Thema zu einem anderen Zeitpunkt – der genannt wird – zu vertiefen.

2.3 Begleitdiagnostik

Begleitdiagnostik zum Zweck der Eingangdiagnostik, zur Beurteilung des Schweregrads der Symptomatik und zur Verlaufskontrolle ist grundsätzlich auch für ein präventiv ausgerichtetes psychoedukatives Gruppenprogramm zu empfehlen. Hier kann auf empirisch überprüfte und bewährte Instrumente zur Depressionsdiagnostik und verwandter Aspekte zurückgegriffen werden (siehe Tabelle 2). Zusätzlich sind im vorliegenden Manual verschiedene Materialien enthalten. Diese erheben primär interventionsrelevante Informationen, welche in den entsprechenden Kurssitzungen aufgegriffen und bearbeitet werden, um z. B. individuelle Veränderungspläne zu erstellen. Darüber hinaus liefern sie auch wichtige diagnostische Informationen, indem sie Eingangsbefund und Veränderung der interessierenden Verhaltensausschnitte über den Kursverlauf dokumentieren (z. B. Stimmungsprotokoll, Liste angenehmer Tätigkeiten, Wochenplan).

Die Auswahl der entsprechenden Instrumente orientiert sich daran, bei welcher Zielgruppe das Programm eingesetzt werden soll. So kann es beispielsweise sinnvoll sein, bei Patienten mit komorbiden körperlichen Befindlichkeitsstörungen zusätzliche Skalen einzusetzen, die diese Aspekte abbilden. Zumindest empfehlen wir jedoch:

a) eine *Eingangsdiagnostik* zur Überprüfung jeweiliger Ein- und Ausschlusskriterien zur Kursteilnahme und zur Erfassung komorbider Störungen sowie

b) eine *Verlaufsdiagnostik* zu den drei Kernbereichen *depressive Symptome, dysfunktionale Gedanken* und *Aktivitätsebene,* welche die primären interventionsbezogenen Ansatzpunkte des Kurses darstellen.

Als weitere relevante Kriterien, die auch relativ ökonomisch zu erheben sind, betrachten wir das allgemeine psychosoziale Funktionsniveau und die subjektive Lebensqualität der Betroffenen.

Die folgende Abbildung (Tabelle 2) gibt – ohne Anspruch auf Vollständigkeit – eine Auswahl geeigneter diagnostischer Instrumente, die im deutschsprachigen Raum verfügbar sind. Auf die Klassifikation depressiver Störungen nach ICD-10 und DSM-IV kann hier aus Platzgründen nur auf die einschlägigen Quellen verwiesen werden (WHO, 1993; American Psychiatric Association, 1998), Ebenso muss auf die detaillierte Beschreibung der in Tabelle 2 aufgeführten Instrumente an dieser Stelle verzichtet werden. Informationen zu diesen und zu weiteren Instrumenten finden sich – neben den aufgeführten Referenzen – z. B. in Baumann und Stieglitz (1998), Blöschl (1998), Hautzinger (1997, 1998), Herrle und Kühner (1994) sowie Roehrle (1988).

Tabelle 2: Auswahl von Verfahren zur Depressionsdiagnostik und assoziierter Bereiche

Interviewverfahren (Allgemeine Psychopathologie einschließlich Depression)
– Strukturiertes Klinisches Interview für DSM-IV Achse I: Psychische Störungen (SKID-I; Wittchen et al., 1997): DSM-IV Diagnosen
– Schedules for Clinical Assessment in Neuropsychiatry (SCAN; van Gülick-Bailer et al., 1995): ICD-10 und DSM-III-R
– Diagnostisches Interview bei psychischen Störungen (DIPS; Margraf et al., 1994): DSM-III-R
– Composite International Diagnostic Interview (CIDI; Wittchen et al., 1998): DSM-IV und ICD-10
– Primary Care Evaluation of Mental Disorders (PRIME-MD; Spitzer et al., 1997): DSM-IV
– Internationale Diagnosen Checklisten für ICD-10 und DSM-IV (IDCL; Hiller et al., 1995)
Fremdbeurteilungsskalen (Depression)
– Hamilton Depressionsskala (HAMD; Collegium Internationale Psychiatriae Scalarum (CIPS); 1996)
– Inventar Depressiver Symptome (IDS; Hautzinger, 1997)
– Montgomery Asberg Depression Scale (MADRS; CIPS, 1996)
Selbstbeurteilungs-Fragebogen (Depression)
– Beck Depressionsinventar (BDI; Hautzinger et al., 1994)
– Fragebogen zur Depressionsdiagnostik nach DSM-IV (FDD-DSM-IV; Kühner, 1997)
– Allgemeine Depressionsskala (ADS; Hautzinger & Bailer, 1993)
– Depressivitäts-Skala (DS; CIPS, 1996)
Selbstbeurteilungs-Fragebogen (Symptomatik, mehrdimensional)
– Symptom-Checkliste (SCL-90-R; Franke, 1995)
Dysfunktionale Gedanken
– Skala dysfunktionaler Einstellungen (DAS; Hautzinger et al., 1985)
– Skala irrationaler Grundüberzeugungen nach ELLIS (SIGE; Herrle & Ellis, im Druck)

Fortsetzung Tabelle 2

Aktivitätsebene
– Liste angenehmer Tätigkeiten (Pleasant Event Schedule PES; deutsche Versionen: Hautzinger, 1997, 2000)   – Tübinger Anhedonie-Fragebogen (TAF; Zimmer, 1990; in Herrle & Kühner, 1994)   – Wochenpläne (siehe z. B. Materialien im vorliegenden Buch)
Psychosoziales Funktionsniveau
– Skala zur Erfassung des sozialen und beruflichen Funktionsniveaus (SOFAS; American Psychiatric Association, 1998)   – WHO Short Disability Assessment Schedule (WHO-DAS-S, WHO, 1997, deutsche Version vgl. Siebel et al., 1997)
Subjektive Lebensqualität
– WHO-Instrumente zur Erfassung von Lebensqualität (WHOQOL-100, WHOQOL-BREF; Angermeyer et al., 2000)   – SF-36 Fragebogen zum Gesundheitszustand (SF-36; Bullinger & Kirchberger, 1998)

Kapitel 3

Manual für KursleiterInnen

Sitzung 1: Einführung

Inhalt

- Grundprinzipien des Kurses
- Definition und Vorkommen depressiver Störung
- Prinzipien der Sozialen Lerntheorie
- Hilfreiche Selbstkontrollstrategien

Gliederung

1. Ziel des Kurses
2. Was ist Depression?
3. Wie häufig sind Depressionen?
4. Wie kann man mit depressiven Verstimmungen umgehen? Wie kann man diesen vorbeugen?
5. Hilfreiche Selbstkontrollstrategien
6. Vom Kurs zu den Hausaufgaben

Übungen

- Befragung: Was ist Depression? Wie wirkt diese sich auf den Alltag aus?
- Gruppendiskussion: Verhaltensanalyse (**M1**)

Materialien

- **M1** (S. 160), **M2** (S. 161), **M3** (S. 162–167)
- Eventuell zusätzliche Eingangsdiagnostik (siehe Kap. 2.3)

Herzlich willkommen zum Kurs „Depressionen vorbeugen"! Wir freuen uns, daß Sie so zahlreich erschienen sind.

- Vorstellungsrunde: Jede(r) stellt sich in ein paar Sätzen vor: Hintergrund, spezielles Kursinteresse. KursleiterInnen machen den Anfang: „mein Name ist ...". Falls jemand sich nicht vorstellen möchte, ist das o.k.

- Anschließend zusammenfassend einige Bemerkungen über Ähnlichkeiten und unterschiedliche Hintergründe der TeilnehmerInnen

In diesem Kurs können wir nicht auf jedes individuelle Problem eingehen, das würde den Rahmen eines solchen Kurses sprengen. Aber: Wir bieten viele verschiedenen Ansatzpunkte, auf Probleme einzugehen und hoffen, daß jede TeilnehmerIn für sich Lösungsmöglichkeiten und Anregungen finden kann.

Wir haben für jede Sitzung Hand-Outs für Sie vorbereitet, die die wichtigsten Informationen und Arbeitsblättter zur Sitzung (Übungsteil für KursteilnehmerInnen) enthalten.

> • **Blitzlicht:** Jede TeilnehmerIn wird gebeten ein kurzes Statement abzugeben. Danach wird das Wort an die Nächste weitergegeben. Das Blitzlicht wird von den anderen nicht kommentiert. Höchstenfalls fragt die KursleiterIn nach:

Wie geht es Ihnen im Moment? (Abgehetzt? Probleme, Abstand vom Streß des Alltags zu nehmen? Gespannt auf das, was kommt? etc.)

> • Kurzentspannung (siehe Kap. 5)

1. Ziel des Kurses

Dieser Kurs möchte Ihnen Möglichkeiten vermitteln, wie Sie Ihre Stimmung günstig beeinflussen können, um so ausgeprägten depressiven Verstimmungen vorzubeugen.

„Vorbeugung" bedeutet, Dinge zu tun, die es weniger wahrscheinlich machen, dass jemand ernsthaft depressiv wird.

2. Was ist Depression?

> • TeilnehmerInnen befragen, was sie darunter verstehen, welche Begriffe für sie damit verbunden sind
> • Sammeln, an *Flip-Chart* anschreiben und nach Schwerpunkten sortieren
> • Depressive Verstimmung als Alltagsgefühl herausstellen, das jede(r) von uns von Zeit zu Zeit hat

Dieser Kurs ist nicht dazu gedacht, solche Gefühle für immer zu verhindern (unrealistisch, nicht sinnvoll – Teil unseres Menschseins, wie Freude usw.). Ziel ist jedoch, Fertigkeiten zu vermitteln, die die Wahrscheinlichkeit reduzieren, so ausgeprägt depressiv zu werden, dass die Gesundheit und das tägliche Leben ernsthaft beeinträchtigt werden.

Depression kann also zum einen ein Gefühl von Traurigkeit oder Niedergeschlagenheit sein, das jede(r) von uns von Zeit zu Zeit hat, zum anderen kann sie ein Anzeichen für ein seelisches Problem sein, das verschiedene Symptome einschließt.

> • **Folie I / 1** (Symptome klinischer Depression, S. 63) auflegen

> • Begriff der Klinischen Depression erläutern (schwer genug, um professionelle Hilfe zu beanspruchen), nachfolgende Symptome beispielhaft erklären

1. Sich niedergeschlagen, traurig, bedrückt oder gereizt fühlen
2. Kein Interesse oder Freude mehr verspüren können
3. Sich dauernd erschöpft und antriebslos fühlen
4. Sich nicht mehr konzentrieren können
5. Keinen Appetit haben
6. Schlafstörungen haben
7. Sich schuldig fühlen, das Gefühl haben, daß man bestraft werden sollte
8. Sich durch zu viele Verantwortlichkeiten überlastet fühlen
9. Körperliche Symptome, wie Schmerzen, u.a.

3. Wie häufig sind Depressionen?

Depressionen sind sehr häufig. Man kann sagen, dass sich alle erwachsenen Menschen zu irgendeinem Zeitpunkt im Leben depressiv fühlen. Im Allgemeinen sind diese Gefühle jedoch nicht sehr schwer ausgeprägt und nicht sehr lange anhaltend.

Aus Untersuchungen an der Bevölkerung wissen wir, daß ca. 10–20 % der Bevölkerung im Lauf des Lebens eine ausgeprägtere Depression entwickeln.

Ca. einer von sechs Erwachsenen entwickelt im Laufe seines Lebens eine Depression, die so schwer ist, daß sie behandelt werden muß.

> • TeilnehmerInnen befragen, ob sie jemanden kennen, der/die depressiv ist, und wie sich dies auf dessen Alltagsleben auswirkt, bzw. nach eigenen Erfahrungen fragen (auf Zeitbegrenzung achten!)

Dieses Gruppenprogramm möchte Ihnen Strategien vermitteln, die geeignet sind, Depressionen vorzubeugen. Es ist keine Therapie. Der Kurs ist keine Behandlung, und er ist nicht als Alternative zu einer Behandlung gedacht.

Wenn Menschen lernen, ihre Stimmung zu kontrollieren, kann dies nicht nur helfen, sich gut zu fühlen, sondern auch, die körperliche Gesundheit positiv zu beeinflussen.

Sich gut zu fühlen, macht es auch leichter, seine alltäglichen Probleme zu bewältigen.

4. Wie kann man mit depressiven Verstimmungen umgehen? Wie kann man diesen vorbeugen?

Dazu gibt es verschiedene Wege. Der Weg, den wir Ihnen in diesem Kurs vermitteln möchten, beruht auf der Sozialen Lerntheorie.

- Erklären: Eine Theorie ist eine wissenschaftliche Erklärung. Die Soziale Lerntheorie versucht, menschliches Verhalten allgemein zu erklären. Sie beinhaltet die Begriffe „sozial" und „lernen", weil nach dieser Theorie ein Großteil menschlichen Verhaltens im Kontakt mit anderen Personen gelernt wird (Erziehung, Eltern, Freunde, Vorbilder in den Medien, etc.).

Die Soziale Lerntheorie ist eine Möglichkeit, zu erklären, warum Menschen sich so fühlen, wie sie sich fühlen, so denken, wie sie denken und sich so verhalten, wie sie sich verhalten.

- **Folie I / 2** (Die Soziale Lerntheorie, S. 64) auflegen

Die Soziale Lerntheorie besagt:

a. Menschen lernen, auf eine bestimmte Art zu denken, zu fühlen und zu handeln

Z. B. wie wir sprechen, wie wir über bestimmte Dinge denken, was wir mögen etc. Diese Gedanken, Gefühle und Handlungen sind gelernt. Dies bedeutet, dass wir auch andere Gedanken, Gefühle und Handlungen lernen können.

Im Laufe unseres Lebens haben wir alle hilfreiche und weniger hilfreiche Dinge gelernt. Dieser Kurs soll Ihnen helfen, solche gelernten Gedanken und Verhaltensweisen zu entdecken, die zu einer guten oder aber schlechten Stimmung beitragen. Das Ziel des Kurses ist dann, jene Dinge zu verändern, die zu depressiven Verstimmungen führen, und Wege zu lernen, um eine allgemein gute Stimmung zu erreichen.

Was gelernt ist, kann auch wieder verlernt werden, d. h. durch neue Verhaltensweisen ersetzt werden. Dies bedarf der Übung. Deshalb ist es wichtig, dass Sie die hier gelernten Inhalte zu Hause umsetzen. Wir werden Ihnen in diesem Kurs Möglichkeiten aufzeigen, wie Sie anhand von Hausaufgaben zwischen den Sitzungen üben können.

b. Menschliches Denken, Fühlen und Handeln beeinflussen sich gegenseitig

- **Folie I / 3** (Dreieck Gedanken, Gefühle, Handeln, S. 65) auflegen

Dies ist der zentrale Ansatzpunkt des Kurses. Das Dreieck Gedanken, Gefühle und Handeln wird sich wie ein roter Faden durch unseren Kurs ziehen. Wir werden Strategien vermitteln, wie Sie an jedem Punkt dieses Dreiecks ansetzen können, um Ihre Stimmung auf einem guten Niveau zu halten.

- Beispiele anführen: Wenn wir etwas Schönes unternehmen, wenn wir positive Gedanken haben, wenn wir uns gut fühlen, wirkt sich dies auf die anderen Ebenen aus.

- **Folie I / 4** (Peanuts, S. 66) auflegen

Umgekehrt: wenn wir uns schlecht fühlen, nichts unternehmen, negative Gedanken haben, ebenso.

- **Zurück zu Folie I / 3** (Dreieck, S. 65)

Von diesen drei Ebenen sind *Gefühle* am schlechtesten *direkt* zu beeinflussen – wenn man sich schlecht fühlt, hilft es i.d.R. nicht, sich einfach zu sagen, „fühl dich besser".

Dagegen können wir leichter unsere *Gedanken* und *Handlungen* beeinflussen, was sich dann wiederum günstig auf die Stimmung auswirkt.

- Beispiele nennen a.) alleine zu Hause sein – sich aufraffen, jemanden anzurufen, um etwas Gemeinsames zu unternehmen; b.) negative Gedanken haben – sich an gute Dinge erinnern, etc.
- Erfahrungen der TeilnehmerInnen hiermit besprechen.

c. Indem wir lernen, welche Gedanken und Handlungen unsere Gefühle beeinflussen, können wir auch mehr Kontrolle über unsere Gefühle bekommen

- **Folie I / 5** (vor/während/nach, S. 67) auflegen

d. Um zu lernen, wie wir Gedanken und Verhalten verändern können, müssen wir lernen:

1. Was kommt *vor* dem Verhalten?
   Beispiel: Welche Bedingungen lösen bei Ihnen aus, daß sich Ihre Stimmung verschlechtert (Situationen, Interaktionen, Gedanken etc.) ?
   – Mit welchen Menschen sind Sie zusammen?
   – Wo halten Sie sich auf?
   – Welche Art von Gedanken haben Sie da?

2. Was passiert *während* des Verhaltens?
   Beispiel: Sagen Sie Dinge zu sich, die Sie noch trauriger machen?

3. Was kommt *nach* dem Verhalten (Konsequenzen)?
   Beispiel: Wenn Sie niedergeschlagen sind, erfahren Sie dann angenehme Konsequenzen?
   – Behandeln Familie und Freunde Sie dann netter?
   – Können Sie dadurch Dinge verschieben, die unangenehm sind?

> • **Folie I / 6 (M1** Verhaltensanalyse, S. 68) auflegen
>
> • Zu Arbeitsblatt **M1** gehen

Wenn wir umgekehrt Gedanken und Verhalten verändern wollen, um damit unsere Stimmung günstig zu beeinflussen, müssen wir fragen:

1. Was geht meinem Verhalten voraus? Hilft es, wenn ich eine Sache plane? Hilft es, wenn ich jemandem sage, dass ich etwas tun werde (z. B. eine bestimmte Aktivität ausführen)?
2. Was erleichtert es mir, an etwas weiterzumachen, was ich mir vorgenommen habe? Hilft es, mir zu sagen, wie gut ich es tue? Mich zu erinnern, weshalb ich es tue? Hilft es, mir gute Dinge vorzustellen, die eintreten werden, wenn ich an einer Sache bleibe?
3. Was folgt auf mein Verhalten? Hilft es, mich selbst zu belohnen für etwas Wichtiges, was ich getan habe? Mit anderen darüber zu reden, wie es mir geht?

> • Gruppendiskussion hierzu anhand der **Folie I/6** und des Arbeitsblatts **M1** anregen

5. Hilfreiche Selbstkontrollstrategien

Psychologen haben herausgefunden, dass es einige hilfreiche Strategien gibt, die uns helfen, Dinge tatsächlich zu tun, die wir uns vorgenommen haben. Diese Strategien bezeichnet man als Selbstkontrollstrategien.

Wir haben eben besprochen, wie Gedanken und Handlungen unsere Gefühle beeinflussen. Selbstkontrollstrategien helfen uns, unsere Gedanken und unser Handeln zu verändern, um damit auch die Gefühle positiv zu beeinflussen.

> • **Folie I / 7** (Selbstkontrollstrategien, S. 69) auflegen

a. Sich selbst belohnen, wenn man etwas tut, was man sich vorgenommen hat

Sich selbst zu belohnen ist eine sehr wirksame Methode, wenn man etwas Neues lernen möchte oder wenn man eine Tätigkeit häufiger durchführen möchte, die man schon längere Zeit nicht mehr gemacht hat (Verstärkerprinzip).

Es gibt viele Arten, sich selbst zu belohnen und sich damit auch zu motivieren, weiterzumachen. Eine einfache, aber wirkungsvolle Methode ist z. B., sich selbst zu loben für etwas, das man erreicht hat.

Sie können dies noch wirksamer machen, indem Sie sich z. B. vornehmen, zur Belohnung ins Kino zu gehen, sich an einem hektischen Tag 30 Minuten frei zu nehmen, oder sich etwas Sonstiges zu gönnen, was Sie mögen. Viele Menschen haben gelernt, so mit sich umzugehen, obwohl sie sich dessen vielleicht nicht bewusst sind.

b. Schritt-für-Schritt-Veränderung: Sich kleine überschaubare Ziele setzen

Viele Leute werden depressiv, weil sie sich zu hohe Ziele gesteckt haben. Wenn sie sie nicht erreichen, geben sie auf und fühlen sich schlecht. Wenn wir etwas an uns selbst verändern möchten, ist es sinnvoll, größere Ziele in kleine zu unterteilen. Sowie Sie jeden kleinen Teil Ihres Ziels verwirklichen, kommen Sie eher zur Verwirklichung des Gesamtziels. Sie können sich dadurch auch häufiger selbst belohnen, anstatt zu warten, bis Sie das Gesamtziel erreicht haben.

> • Beispiele anführen: z. B. Tour de France wird in vielen Etappen gefahren

c. Lernen durch Beobachtung, wie andere mit Situationen umgehen

Dies ist einer der besten Wege, etwas zu lernen. Durch Beobachtung haben wir reden, schreiben usw. gelernt, Schritt für Schritt – und sind dafür von anderen belohnt worden („gut gemacht", Lächeln etc.).

Um Depressionen vorzubeugen, ist es wichtig, Andere dabei zu beobachten, wie diese mit Dingen umgehen, die für uns schwierig sind. Es gibt Situationen, in denen wir uns erfolgreicher oder weniger erfolgreich verhalten als Andere. Deshalb ist es insbesondere wichtig, zu schauen, wie sich Leute verhalten, die gut mit Problemen umgehen können.

d. Im Auge behalten, was man tut und wie man sich dabei fühlt

Dies ist wichtig, damit Sie Ihre Fortschritte registrieren können – auch über den Verlauf dieses Kurses (Hausaufgaben).

e. Seine Pläne aufschreiben: Was man verändern möchte und wie man sich für die Durchführung belohnen möchte

Es ist einfacher, seine Fortschritte zu verfolgen, wenn man seine Pläne schriftlich notiert hat. Im Verlauf des Kurses werden wir mit solchen Plänen arbeiten.

> • Verweis auf die einzelnen Sitzungshandouts des Übungsteils für KursteilnehmerInnen

Wir haben zu jeder Kursstunde die wichtigsten Informationen für Sie zusammengestellt, damit Sie sich die Inhalte nochmals vergegenwärtigen können. Hier finden Sie auch die Hausaufgabenblätter für die Übungen zwischen den Sitzungen.

> • Erklärung der Wichtigkeit von Hausaufgaben (Gelegenheit, das Gelernte zwischen den Sitzungen anzuwenden etc.)

> • **Folie I / 8** (**M2** Stimmungsprotokoll, S. 70) auflegen
>
> • Erläuterung des täglichen Stimmungsprotokolls
>
> • Liste angenehmer Tätigkeiten (**M3**) austeilen und erläutern
>
> • **Folie I / 9** (**M3** erste Seite „angenehme Tätigkeiten", S. 71) auflegen

Gehen Sie zunächst alle Tätigkeiten nach der Häufigkeit durch, anschließend nach der Angenehmheit.

Beispiele:
• Häufigkeit: Angenommen, Sie haben in den letzten 4 Wochen einmal einen Ausflug ins Grüne gemacht. Dann tragen Sie bei H die Eins ein. Wenn Sie ... (etc., andere Werte).
• Angenehmheit: Wenn Sie den Ausflug sehr genossen haben, dann tragen Sie bei A die Zwei ein. Wenn Sie ... (etc. andere Werte).
Wenn Sie eine oder mehrere der Tätigkeiten in den letzten 4 Wochen *nicht* ausgeführt haben, tragen Sie trotzdem den Angenehmheitswert ein – den Wert, der angibt, wie angenehm die Tätigkeit für Sie gewesen wäre, wenn Sie sie ausgeführt *hätten*.

6. Vom Kurs zu den Hausaufgaben

1. Wie ist meine tägliche Stimmung?
   Beginnen Sie heute mit dem täglichen Stimmungsprotokoll (**M2**). Notieren Sie jeden Abend Ihre durchschnittliche Tagesstimmung. Benoten Sie von 1 bis 6 (wie Schulnoten).
2. Füllen Sie die Liste angenehmer Tätigkeiten (**M3**) aus und bringen Sie die Liste zur nächsten Sitzung mit, wir wollen im Laufe des Kurses damit arbeiten.

Sitzung 2: Wie unsere Gedanken die Stimmung beeinflussen/Lernen, die Gedanken zu verändern (I)

Inhalt
– Kognitive Strategien zur Identifizierung und Bearbeitung dysfunktionaler, depressionsfördernder Gedanken – Typische Denkfehler – Techniken zur Steigerung positiver und Verminderung negativer Gedanken

Gliederung
1.   Wiederholung 2.   Gedanken beeinflussen die Stimmung 3.   An Gedanken arbeiten: Vor- und Nachteile 4.   Verschiedene Arten von Gedanken 5.   Typische Denkfehler 6.   Gedanken ermitteln 7.   Gedanken sammeln – wichtige Gedanken während des Tages verfolgen 8.   Möglichkeiten, Gedanken zu ändern 8.1 Techniken zur Steigerung positiver Gedanken 8.2 Techniken zur Verminderung negativer Gedanken 9.   Selbstinstruktionen 10. Vom Kurs zu den Hausaufgaben

Übungen
– Praktische Übungen: Wie das Denken die Gefühle beeinflussen kann – Arten von Gedanken während der letzten vier Wochen

Materialien
– **M3** (S. 162–167) einsammeln (für die 4. Sitzung auswerten) – Pro TeilnehmerIn ca. 10 bunte Aufkleber (siehe Signaltechnik) – Pro TeilnehmerIn 10 DIN A6 Karteikarten ausgeben (siehe Pumptechnik) – Pro TeilnehmerIn 7 DIN A6 (andersfarbige) Karteikarten ausgeben (siehe Hausaufgaben)

1. Wiederholung

– Depression, Soziale Lerntheorie, Selbstkontrolle
– Das tägliche Stimmungsprotokoll (**M2**)

> • **Folie II / 1 (M2** Stimmungsprotokoll, S. 72) auflegen

> • Erfahrungen der TeilnehmerInnen damit besprechen

– Welche Erfahrungen haben Sie beim Ausfüllen gemacht?

> • Kurzentspannung (s. Kap. 5)

Entspannung ist wichtig für unser Wohlbefinden. Sie ist am ehesten geeignet, unsere Gefühle auf direktem Wege positiv zu beeinflussen.
Auch Entspannung muss geübt werden. Nur wenn sie regelmäßig durchgeführt wird, kann man sie auch in schwierigen Alltagssituationen einsetzen und Anspannung schneller abbauen.

2. Gedanken beeinflussen die Stimmung

> • **Folie II / 2** (Dreieck Gedanken, Gefühle, Handeln, S. 73) auflegen

Gedanken, Handlungen und Gefühle beeinflussen sich gegenseitig. Heute werden wir bei den Gedanken ansetzen und Möglichkeiten aufzeigen, wie die Gedanken die Stimmung günstig beeinflussen können.

Unsere Gedanken haben einen beträchtlichen Einfluss auf unsere Stimmung. Gedanken machen es mehr oder weniger wahrscheinlich, ob wir uns z. B. ängstlich, ärgerlich oder niedergeschlagen fühlen.

Wir machen zunächst eine *praktische Übung*, an der Sie sehen können, wie das Denken direkt die Gefühle beeinflussen kann. Stellen Sie sich bitte vor, es ist Nacht, und Sie liegen im Bett. Plötzlich hören Sie im Nebenzimmer ein lautes Geräusch. Sie denken: „ein Einbrecher!" – Welche Gefühle löst dies bei Ihnen aus?

Was wäre, wenn Sie in dieser Situation denken: „Ich habe vergessen, das Fenster zu schließen, und nun ist die kostbare Porzellanvase auf den Boden gefallen!" Welche Gefühle löst nun dieser Gedanke in Ihnen aus?

Ähnlich ist es, wenn ich Sie z. B. bitte, sich an die peinlichste Situation in Ihrem Leben zu erinnern. Es ist wahrscheinlich, daß Sie sich allein durch diesen Gedanken nun im Moment peinlich berührt fühlen, und vielleicht sogar erröten – obwohl gerade überhaupt nichts Peinliches passiert – es ist nur der Gedanke. Ebenso ist es, wenn ich Sie bitte, sich eine Situation vorzustellen, in der Sie wirklich ärgerlich oder wirklich traurig waren – der Gedanke daran löst dieselben Gefühle wieder aus.

> • Erfahrungen der TeilnehmerInnen hierzu besprechen

3. An Gedanken arbeiten:
Vor- und Nachteile

Vorteile:
– Gedanken haben wir immer
– Gedanken sind unsere „innere Umgebung"
– Wir können immer mit ihnen arbeiten
– Gedanken stehen hauptsächlich unter unserer eigenen Kontrolle
– Niemand außer Ihnen selbst kann die Art, wie Sie denken, direkt ändern

Nachteile:
– Gedanken laufen scheinbar automatisch ab
– Man nimmt sie schnell als erwiesen oder richtig hin
– Niemand kann Ihre Gedanken beobachten: Sie selbst müssen Ihre Gedanken beurteilen und überlegen, was Sie daran ändern möchten

4. Verschiedene Arten von Gedanken

Unter Gedanken verstehen wir *Sätze, die wir zu uns selbst sagen.*

> • **Folie II / 3** (Verschiedene Arten von Gedanken, S. 74) auflegen

a. Konstruktive versus Destruktive Gedanken
Konstruktives Denken baut auf. Beispiel: „Ich kann lernen, mein Leben angenehm zu gestalten".
Destruktives Denken ist zerstörerisch. Beispiel: „Ich bin zu Nichts gut", „Für mich wird sich nichts zum Guten wenden".

b. Notwendiges versus Unnötiges Denken
Notwendiges Denken hilft, das zu tun, was Sie tun müssen. Beispiel: „Ich muss dran denken, Benzin zu tanken".
Unnötiges Denken verändert überhaupt nichts (ganz gleich, wie viel Sie denken). Beispiel: „Es kann jeden Tag eine Naturkatastrophe passieren".

c. Positives versus Negatives Denken
Positives Denken hilft, sich besser zu fühlen. Beispiel: „Das habe ich gut gemacht", „Das Leben ist interessant", und auch: „Die Dinge sind im Moment wirklich hart, aber zumindest tue ich etwas dagegen".
Negatives Denken lässt Sie sich schlechter fühlen. Beispiele: „Es hat keinen Sinn". „Ich tauge nichts".

5. Typische Denkfehler

Wenn wir uns niedergeschlagen oder depressiv fühlen, neigen wir zu einigen typischen Denkfehlern:

> • **Folie II / 4** (Denkfehler, S. 75) auflegen

a. Übertreibungen
Probleme und deren mögliche Folgen werden übertrieben, die eigenen Fähigkeiten, mit diesen Problemen umgehen zu können, werden unterschätzt.

b. Negative Verallgemeinerungen
„Keiner liebt mich", „nie gelingt mir etwas".

c. Das Positive ignorieren
Nur negative Ereignisse werden eingeprägt und erinnert.

d. Pessimismus

Davon überzeugt sein, dass wahrscheinlich eher negative als positive Dinge eintreten werden.

e. Selbstvorwürfe

Negative Dinge, die geschehen, werden immer und ausschließlich der eigenen Schuld zugeschrieben.

f. Eigenes Tun nicht würdigen

Positive Dinge, die geschehen, werden auf zufälliges Glück oder das Tun anderer zurückgeführt, nicht auf das Ergebnis eigener Anstrengungen.

Diese und andere typische Denkfehler beinhalten Selbstzweifel, Abwertungen der eigenen Person und eine negative Sicht der Lebenssituation und der Zukunft.

Sie laufen häufig automatisch ab und sind unangemessen, aber erscheinen uns als wahr oder plausibel, wenn wir uns depressiv fühlen.

6. Gedanken ermitteln

Übung: Denken Sie an Gedanken, die Sie während der letzten vier Wochen hatten:

– Passen sie in eine der oben genannten Kategorien?
– Denken Sie an Menschen, die Sie kennen. An die Art, wie sie reden. Welche Art von Gedanken scheinen sie zu haben? Denken Sie an einige positiv-denkende und einige negativ-denkende Menschen.

> • TeilnehmerInnen Beispiele geben lassen

7. Gedanken sammeln – wichtige Gedanken während des Tages verfolgen

„Wichtige" Gedanken beeinflussen Ihre Stimmung, entweder in positive oder in negative Richtung.

Eine der Hausaufgaben bis zur nächsten Woche wird sein, positive und negative Gedanken zu sammeln. Als Hilfe, um zu sehen, auf was für Gedanken Sie achten sollten, haben wir zwei Beispiellisten mit möglichen positiven und negativen Gedanken mitgebracht.

> • Folie II / 5 (Positive Gedanken, S. 76) auflegen
> • Folie II / 6 (Negative Gedanken, S. 77) auflegen

8. Möglichkeiten, Gedanken zu ändern

Wir zeigen Ihnen nun einige Möglichkeiten auf, wie man positive Gedanken vermehren und negative Gedanken unterbrechen kann. Zunächst stellen wir Ihnen drei Techniken vor, um die Anzahl positiver Gedanken zu erhöhen.

8.1 Techniken zur Steigerung positiver Gedanken

> • Folie II / 7 (Übersicht: Steigerung positiver Gedanken, S. 78) auflegen

a. Pumptechnik

> • Folie II / 8 (Pumptechnik, S. 79) auflegen

Um eine Wasserpumpe zum Arbeiten zu bringen, muß man von außen Wasser zuführen. Wenn man sich schlecht fühlt, ist es schwierig, automatisch positive Dinge zu denken. Hier ist es hilfreich, positive Gedanken über sich selbst und sein Leben verfügbar zu haben.

Bei der Pumptechnik nehmen Sie mehrere Karteikarten und schreiben auf jede einen positiven Gedanken. Ziehen Sie über den Tag hinweg immer wieder eine Karte und lesen Sie den Gedanken aufmerksam, um sich immer wieder daran zu erinnern, dass Sie gute und nette Eigenschaften haben, und dass es schöne Dinge im Leben gibt. Wenn Ihnen neue positive Gedanken einfallen, notieren Sie diese auf weiteren Karten. Mischen Sie in den Stapel auch leere Karten. Immer wenn Sie eine leere Karte ziehen, lassen Sie sich schnell etwas Positives einfallen!

> • Anhand vorbereiteter Karten demonstrieren
> • TeilnehmerInnen Beispiele geben lassen

b. Signal-Technik

> • Folie II / 9 (Signaltechnik, S. 80) auflegen

Bei der Signal-Technik koppeln Sie positive Gedanken über sich und Ihr Leben an Tätigkeiten, die Sie häufig durchführen. So werden z. B. Zähneputzen, in den Spiegel schauen, ins Auto steigen usw. zum Signal, etwas Positives zu denken.

Sie können auch bunte Aufkleber verwenden, die Sie an ganz verschiedenen Stellen positionieren, an denen Sie häufig vorbeikommen. Immer wenn Sie einen solchen Aufkleber sehen, denken Sie etwas Positives!

- Anhand von Aufklebern demonstrieren

- TeilnehmerInnen Beispiele geben lassen

c. Selbstbelohnung

- **Folie II / 10** (Selbstbelohnung, S. 81) auflegen

Mit das Netteste, was andere Menschen tun, ist, uns Komplimente auszusprechen für Dinge, die wir gut machen. Wir mögen es, wenn andere anerkennen, was wir – vielleicht unter großer Anstrengung – geleistet haben.

Wir tun jedoch oft Dinge, die andere gar nicht bemerken. Damit wir uns besser fühlen, ist es hilfreich, wenn wir selbst unsere Leistungen anerkennen und uns dafür „auf die Schulter klopfen". Viele Menschen mit depressiver Stimmung würdigen die Dinge nicht, die sie tun. Viele bemerken nicht einmal, was sie eigentlich den Tag über alles leisten.

Gedankliche Selbstbelohnung kann sein, sich zu sagen: „Das habe ich gut gemacht!", oder: „Ich bin eine gute Mutter/ein guter Vater, ich sorge wirklich gut für meine Kinder", oder: „Ich lerne, mein Leben besser zu steuern".

- TeilnehmerInnen Beispiele geben lassen

Gibt es noch Fragen zu diesen Techniken? Sie werden Ihnen vielleicht anfänglich etwas albern vorkommen – aber sie sind in der Tat sehr hilfreich, wenn man sie wirklich einsetzt. Bei regelmäßiger Anwendung werden sich positive Gedanken nach und nach auch von selbst einstellen und mehr Platz in Ihrem Leben einnehmen. Können Sie sich vorstellen, diese Techniken anzuwenden?

Im Folgenden zeigen wir Ihnen verschiedene Techniken, wie man negative Gedanken vermindern kann.

8.2 Techniken zur Verminderung negativer Gedanken

- **Folie II / 11** (Übersicht: Verminderung negativer Gedanken, S. 82) auflegen

a. Gedanken-Unterbrechung

- **Folie II / 12** (Gedankenunterbrechung, S. 83) auflegen

Es gibt Zeiten, in denen wir von bestimmten negativen Gedanken nicht mehr loskommen, die uns den ganzen Tag hindurch belästigen und dazu führen, dass wir uns schlecht fühlen. Um solche Gedanken zu unterbrechen, gibt es einige Techniken.

- Eine ist, sich in Gedanken das Wort „Stop" zu sagen und die Aufmerksamkeit dann bewusst auf einen positiven Gedanken zu richten (*„Gedanken-Stop"*).
- Eine Weitere ist, sich zu sagen „Dieser Gedanke ruiniert meine Stimmung. Ich werde jetzt an etwas anderes denken".
- Eine dritte Möglichkeit (vor allem, wenn es sich um einen „notwendigen" Gedanken handelt, mit dem Sie sich später auseinandersetzen müssen) ist, den Gedanken aufzuschreiben und zu einer späteren – geplanten – Zeit darüber nachzudenken, (s. u.).

Gibt es dazu noch Fragen? Können Sie sich vorstellen, mit dieser Technik zu arbeiten?

b. Sorgenstunde

- **Folie II / 13** (Sorgenstunde, S. 84) auflegen

Notwendige Gedanken kann man nicht einfach ignorieren. Andererseits: Ständig in Gedanken über ein Problem zu grübeln, führt in der Regel nicht dazu, das Problem zu lösen, sondern kann all Ihre Energie und Aufmerksamkeit aufbrauchen, so dass es Ihnen allmählich auch in anderen Lebensbereichen schlecht geht.

Dies kann verhindert werden, indem Sie sich bewusst eine bestimmte Zeit am Tag einrichten, in der Sie nichts anderes tun, als Ihre gesamte Aufmerksamkeit dem Problem zu widmen, das Sie belastet. Wählen Sie dafür einen ruhigen Ort und legen Sie eine bestimmte Zeitperiode fest (maximal 30 Minuten, länger kann man nicht produktiv über ein Problem nachdenken!). Tun Sie nichts anderes während dieser Zeit (nicht sprechen, lesen, essen etc.), sondern konzentrieren Sie sich auf das Problem, und versuchen Sie, eine Lösung zu finden. Zu jeder anderen Tageszeit wenden Sie die „Gedankenunterbrechung" (siehe oben) an, um die störenden Gedanken zu verschieben, bis Sie ihnen in der Sorgenstunde Ihre volle Aufmerksamkeit widmen können.

Gibt es dazu noch Fragen? Können Sie sich vorstellen, mit dieser Technik zu arbeiten?

c. Aufblasetechnik

> • **Folie II / 14** (Aufblasetechnik, S. 85) auflegen

Bei dieser Technik wird ein beunruhigender negativer Gedanke so übertrieben („aufgeblasen"), dass er lächerlich wirkt. Wenn Sie sich z.B. ohne guten Grund ständig darüber sorgen, kein guter Mensch zu sein, könnten Sie sich vorstellen, dass Ihr Bild in der Zeitung erscheint mit der Unterschrift: „Dies ist ein schlechter Mensch". Diese Technik ist erfolgreich, wenn Sie den negativen Gedanken so übertreiben können, dass er lächerlich und lustig wirkt. Wenn Sie über ein solches geistiges Bild schmunzeln können, hat es gewirkt! Der Punkt ist hier, dass das „sich Beunruhigen" über bestimmte Probleme diese nicht löst. Das Beste ist, mit dem Grübeln aufzuhören und, wenn etwas getan werden kann, dies zu tun.

Beachten Sie: Wenden Sie diese Technik *nicht* an bei Sorgen um Dinge, die tatsächlich so schlimm werden könnten, wie Sie sich nur vorstellen können.

Gibt es dazu noch Fragen? Können Sie sich vorstellen, mit dieser Technik zu arbeiten?

d. Das Schlimmste, was passieren könnte

> • **Folie II / 15** (Das Schlimmste, was passieren könnte, S. 86) auflegen

Diese Technik beruht nicht auf Humor. Hier geht es darum, sich das „Schlimmste" vorzustellen, was tatsächlich passieren könnte, wenn Ihre Angst wahr werden würde. Angenommen, Sie haben z.B. große Angst davor, einen bestimmten

Termin nicht einhalten zu können, und diese Angst ist so groß, dass sie Ihre Vorbereitungen stört. Dann könnten Sie sich denken, dass das Schlimmste, was passieren kann, ist, dass vielleicht jemand eine Zeitlang verärgert über Sie sein wird. Wenn Sie sich diesen Gedanken mehrmals durch den Kopf gehen lassen, kann er Ihnen helfen, ruhiger zu werden, und damit auch wieder besser arbeiten zu können.

Gibt es dazu noch Fragen? Können Sie sich vorstellen, mit dieser Technik zu arbeiten?

e. Zeitverschiebung

> • **Folie II / 16** (Zeitverschiebung, S. 87) auflegen

Manchmal, wenn wir uns depressiv fühlen, denken wir, die Dinge sind schrecklich und werden niemals enden. Wir haben das Gefühl, hinter einem dicken, schweren Vorhang gefangen zu sein, der die Zukunft verhüllt. Hier ist es hilfreich, den Vorhang zu öffnen, und uns gedanklich in die Zukunft zu versetzen, in der die Dinge wieder besser sein werden. Wir alle hatten schon Zeiten, in denen wir dachten, wir würden niemals über eine Verletzung, einen Schmerz, oder ein Leid hinwegkommen. Jedoch: wir haben diese schlimmen Zeiten überstanden. Auch wenn bestimmte Erinnerungen für uns noch mit Schmerz verbunden sind, lässt der Schmerz doch über die Zeit nach. Die Zeitperspektive akzeptiert den gegenwärtigen Schmerz und gibt den Blick frei auf eine befriedigendere Zukunft.

> • Beispiele anführen: schmerzlicher Verlust, Streit mit Partner, Prüfung nicht bestanden, etc.

Gibt es dazu noch Fragen? Können Sie sich vorstellen, mit dieser Technik zu arbeiten?

9. Selbstinstruktionen

Beachten Sie: Sich selbst zu instruieren, kann sehr hilfreich sein. Wir alle tun es. Es ist, wie wenn man einen Trainer zur Seite hat, (oder einen guten Freund/eine gute Freundin), der Anweisungen gibt. Sie können sich damit z.B. motivieren, die oben aufgeführten Techniken einzusetzen.

10. Vom Kurs zu den Hausaufgaben

1. Setzen Sie Ihr tägliches Stimmungsprotokoll fort (**M2**)

2. Lernen Sie, sich zu entspannen: Üben Sie ein- oder zweimal täglich Kurzentspannung

- Pro TeilnehmerIn 7 DIN A 6 Karteikarten austeilen

- Auf einer Karte jeweils ein +/– Beispiel notieren lassen

3. – Notieren Sie Ihre Gedanken. Benutzen Sie jeden Tag eine andere DIN A 6 Karte und beschriften Sie diese mit dem Datum.
   – Kennzeichnen Sie die eine Seite der Karte mit „+" (für positive Gedanken), die andere mit „–" (für negative Gedanken). Auf diese Weise lernen Sie, beide Arten von Gedanken zu unterscheiden.

– Schreiben Sie wichtige Gedanken auf, z. B. beim Frühstück, Mittagessen, Abendessen und bevor Sie zu Bett gehen.
– Schreiben Sie auf die „–" Seite Gedanken, von denen Sie merken, dass diese Ihre Stimmung beeinträchtigen, und auf die „+" Seite solche, die Ihre Stimmung verbessern.

Bringen Sie die Karten zur nächsten Sitzung mit, damit wir die Gedanken diskutieren können, die Sie häufig denken. Gedanken, die für Sie zu persönlich sind, brauchen Sie natürlich nicht einzubringen.

4. Suchen Sie sich je eine Technik zur Vermehrung positiver Gedanken und eine zur Verminderung negativer Gedanken aus und üben Sie diese täglich. Wir werden Ihre Erfahrungen damit in der nächsten Sitzung besprechen.

Sitzung 3: Lernen, die Gedanken zu verändern (II)

Inhalt
– Irrationale Überzeugungen – Ein Ansatz für konstruktives Denken nach Ellis
Gliederung
1. Wiederholung 2. Ungünstige Überzeugungen, die uns unglücklich machen können 3. Ein Ansatz für konstruktives Denken: Die A-B-C-D Methode 4. Ein Argument für Optimismus 5. Vom Kurs zu den Hausaufgaben
Übungen
– ABCD-Schema (**M4**)
Materialien
– **M4** (S. 175–177) – Zwei leere Folien (siehe Übung zu **M4**)

1. Wiederholung

– Gedanken wirken sich auf die Stimmung aus
– Sie können Ihre Gedanken dazu einsetzen, Ihre Stimmung gezielt zu beeinflussen
– Das tägliche Stimmungsprotokoll (**M2**)
– Notieren Sie die Anzahl positiver und negativer Gedanken neben Ihrem täglichen Stimmungswert: Sehen Sie einen Zusammenhang zwischen Ihrer Stimmung und der Zahl Ihrer positiven oder negativen Gedanken?
– Eingesetzte Techniken zur Erhöhung positiver und zur Verminderung negativer Gedanken – Ihre Erfahrungen damit
– Verschiedene Arten von Gedanken

> • Kurzentspannung (Siehe Kap. 5)

Sie erinnern sich an das Dreieck, das den Zusammenhang von Gedanken, Handlungen und Gefühlen darstellt. Heute setzen wir noch einmal an den Gedanken an, um zu zeigen, wie Gedanken die Stimmung ungünstig oder günstig beeinflussen können.

2. Ungünstige Überzeugungen, die uns unglücklich machen können

> • **Folie III / 1** (Irrationale Überzeugungen nach Ellis, S. 88) auflegen

Solche Überzeugungen sind z. B.:

– man muss von jedem wichtigen Menschen im Umfeld geliebt werden und von ihm Zustimmung bekommen
– wenn jemand sich schlecht oder unfair benimmt, dann sollte man ihn dafür tadeln oder bestrafen. Denn er ist ein schlechter oder verdorbener Mensch
– es ist schlimm, wenn die Dinge nicht so sind, wie man sie gerne haben möchte
– man sollte sich über Ereignisse, die ungewiss oder möglicherweise gefährlich sind, ständig große Sorgen machen
– man ist wertlos, wenn man nicht in jeder Hinsicht kompetent und erfolgreich und jeder Situation stets gewachsen ist
– für jedes menschliche Problem gibt es nur *eine* richtige und perfekte Lösung, und es ist schlimm, wenn man diese Lösung nicht findet
– es ist einfacher, Schwierigkeiten und Verantwortungen aus dem Weg zu gehen, als sich mit ihnen auseinanderzusetzen
– man braucht jemanden, der stärker ist, auf den man sich stützen und verlassen kann
– Unglücklichsein hat äußere Ursachen, man hat deshalb wenig Einfluss auf seinen Kummer und seine Probleme
– man sollte sich über die Probleme und Schwierigkeiten anderer Menschen ständig aufregen
– die Ursache von Problemen liegen in der eige-

nen Vergangenheit. Weil vergangene Ereignisse einen starken Einfluss auf mich ausgeübt haben, werden sie das auch in Zukunft tun

3. Ein Ansatz für konstruktives Denken: Die A-B-C-D Methode

Neben den bereits besprochenen und eingeübten Techniken zur hilfreichen Veränderung von Gedanken bietet die folgende Technik (ABCD-Methode) eine weitere Möglichkeit, Gedanken konstruktiv zu verändern.

> • **Folie III / 2** (ABCD-Methode, S. 89) auflegen

Diese Technik ist besonders geeignet für Menschen, die dazu neigen, auf unerfreuliche Ereignisse oder Schwierigkeiten übermäßig negativ zu reagieren. Das Ziel besteht in einer Veränderung der Art und Weise, wie wir über Probleme und Schwierigkeiten denken.

Unerfreuliche Ereignisse sind z. B. von jemandem abgelehnt werden, von jemandem kritisiert werden, das Gefühl, nicht anerkannt oder gemocht zu werden, Misserfolg zu haben oder Fehler zu machen.

Auch hier ist der Grundsatz: Wie Sie denken und wie Sie fühlen, hängt stark voneinander ab. Nicht immer führt das, was in einer Situation tatsächlich passiert ist, zu negativen Gefühlen, sondern das, was Sie sich darüber sagen (was Ihnen dabei an Gedanken durch den Kopf geht). Solche bewertenden Gedanken entscheiden darüber, ob Sie nach einem unerfreulichen Ereignis ein übermäßig negatives Gefühl haben, oder aber, ob Sie gut damit zurechtkommen. Häufig stehen hinter diesen bewertenden Gedanken eine oder mehrere der oben aufgeführten Überzeugungen, die uns unglücklich machen.

A ist das **A**uslösende Ereignis
B ist die **B**ewertung des Ereignisses oder innere Selbstgespräche (was Sie sich selbst über das Ereignis sagen)
C ist die gefühlsmäßige **C**onsequenz (Folge, Auswirkung)
D ist die Art und Weise, wie Sie mit Ihren Bewertungen und Überzeugungen konstruktiv **d**iskutieren sollten

> • **Folie III / 3** (ABCD-Beispiel, S. 90) auflegen

Beispiel:

A: Jemand sagt, dass die Suppe versalzen ist, die Sie gekocht haben – das ist die Situation, das auslösende Ereignis

C: Sie beginnen, sich schrecklich zu fühlen – und der Rest des Abends ist ruiniert – das ist die gefühlsmäßige Konsequenz

Welche Überzeugung oder Bewertung könnte nun zwischen der Situation und dem Gefühl stehen, die dazu führt, dass Sie sich so schrecklich fühlen? Das, was die Person sagt, kann es nicht sein. Es muss etwas sein, was Sie sich zusätzlich in dieser Situation sagen. Welche Gedanken könnten Ihnen in der Situation gekommen sein, dass Sie sich so schlecht fühlen?

> • TeilnehmerInnen mögliche bewertende Gedanken identifizieren lassen, die zu einem negativen Gefühl führen und notieren
> • Ausreichend Zeit geben, damit TeilnehmerInnen genügend eigene Beispiele identifizieren können

Solche ungünstigen Gedanken könnten sein:

> • **Folie III / 4** (ungünstige Gedanken, S. 91) auflegen

B: „Es ist schrecklich, dass die Person die Suppe nicht mag"
„Es ist absolut notwendig, dass ich von dieser Person anerkannt werde, die das gesagt hat"
„Ich sollte niemals einen Fehler machen"
„Ich muss in jeder Hinsicht erfolgreich sein, um ein wertvoller Mensch zu sein"
„Dass ich mich so unglücklich fühle, ist durch die versalzene Suppe verursacht"
„Ich bin meinen Gefühlen ausgeliefert, und habe keine Kontrolle darüber, wie ich mich den Rest des Abends fühlen werde"

Menschen, die zu Depressionen neigen, bewerten Ereignisse vorwiegend negativ, wie in diesem Beispiel. Auf andere, positive oder neutrale Interpretationen kommen sie dagegen selten. Diese negativen bewertenden Gedanken sind es jedoch, die negative Gefühle in der Situation auslösen.

Solche negativ bewertende Gedanken erkennt man, indem man in schwierigen Situationen auf seine Gedanken achtet! Es gibt drei recht zuverlässige Hinweise für nicht-konstruktive Bewertungen/Selbstgespräche:

> • **Folie III / 5** (negative Bewertungen, S. 92)
> auflegen

– Stark bewertende Wörter: „Ich sollte, ich muss, ich müsste ..."
– Katastrophenwörter: „Es ist schrecklich, furchtbar ..."
– Starke Verallgemeinerungen: „Ich werde nie ..., keiner wird mich jemals ..."

Sobald Sie herausgefunden haben, *welche* Gedanken oder Überzeugungen Ihre schlechte Stimmung verursacht haben, können Sie diese in einem konstruktiven Selbstgespräch *hinterfragen:*

> • **Folie III / 6** (Mögliche Diskussion, S. 93)
> auflegen

Argumentieren Sie gegen die negativ bewertenden Gedanken:

– Argumentieren Sie gegen „sollte" und „müsste" Gedanken: „warum sollte ich ...?"
– Hinterfragen Sie Wörter wie „fürchterlich" und „schrecklich": „Es wäre schön gewesen, wenn ..., aber ist es wirklich so schrecklich ...?"
– Stellen Sie zu starke Verallgemeinerungen in Frage: „Nur weil es diesmal so war ... bedeutet das, dass es immer so sein muss?"

In unserem Suppen-Beispiel könnte dies so aussehen:

> • **Folie III / 7** (Diskussion Suppenbeispiel, S. 94) auflegen

D: – „Es ist keine absolute Notwendigkeit, dass diese Person mein Kochen anerkennt"
    – „Auch wenn ich kein guter Koch bin, bedeutet das nicht, dass ich kein wertvoller Mensch bin. Außerdem: nur weil diese Suppe versalzen ist, heißt das noch lange nicht, dass ich kein guter Koch bin. Jeder macht mal einen Fehler"
    – „Es wäre schön gewesen, wenn die Suppe nicht versalzen wäre. Aber es ist nicht schrecklich und keine Katastrophe, dass sie versalzen ist"
    – „Die Suppe ist versalzen, das ist eine Tatsache. Ob ich mich gut oder schlecht fühle, hängt davon ab, was ich mir darüber sage. Wenn ich mir sage, dass dies eine Kleinigkeit ist, die wir nächste Woche schon vergessen haben, kann ich den Rest des Abends genießen"

Wie wirkt sich eine solche Diskussion nun auf Ihr Gefühl aus? In welche Richtung verändert sich Ihr Gefühl nach Ihrer Diskussion?

Das Ziel dieser Diskussion ist, die negativen Bewertungen der Situation durch angemessene und realistische zu ersetzen, um damit die negativen Gefühle in einem vernünftigen Rahmen zu halten.

Solche Diskussionen helfen Ihnen, in schwierigen Situationen gefühlsmäßig weniger überzureagieren (z. B. mit Angst, Niedergeschlagenheit).

> • Übung zum ABCD-Schema durchführen (**M4**)

> • **Folie III / 8** (**M4** ABCD-Methode, S. 95)
> auflegen

> • zwei leere Folien bereithalten (jeweils über **Folie III / 8** legen)

Wir wollen das Ganze nun an einem weiteren Beispiel durchspielen.

Wer von Ihnen hat eine Idee? Wer möchte eine Situation schildern?

> • Beispiel, das sich eine KursteilnehmerIn ausgedacht oder selbst erlebt hat, nach obigem Schema besprechen.
>
> • Falls bewertende Gedanken nicht erinnert werden, exploriere:

– Was könnten Sie sich da gedacht haben?
– Welche Bedeutung hat eine solche Situation für Sie?
– Welche Erwartungen haben Sie in einer solchen Situation?

> • Genügend Zeit vorgeben!

Abschließend: Beachten Sie jedoch, dass Menschen nicht stets glücklich und zufrieden sein können. Diese Methode soll keinen „Roboter" aus Ihnen machen, der ohne jegliche Gefühle auf unangenehme Ereignisse reagiert. Da wir Menschen sind, werden wir uns weiterhin bei bestimmten Erlebnissen verletzt, traurig, verärgert oder enttäuscht fühlen, ebenso wie wir uns glücklich und freudig fühlen, wenn etwas Angenehmes geschieht. Die ABCD-Methode soll uns dabei helfen, dass wir mit Schwierigkeiten im Leben besser umgehen können.

4. Ein Argument für Optimismus

Ein Unterschied zwischen Menschen, die dazu tendieren, sich depressiv zu fühlen, und anderen besteht darin, dass depressive Menschen häufig weniger optimistisch sind als nicht depressive Menschen.

Ob jemand Optimist oder Pessimist sein *möchte*, beruht natürlich auf der eigenen Wahl. Häufig bestimmen jedoch die oben angeführten ungünstigen „Glaubenssätze", ob wir optimistisch oder pessimistisch denken. Diese gilt es dann zu hinterfragen!

Einige Dinge sprechen dafür, optimistisch zu denken. Ein Optimist glaubt, dass die Chancen gut sind, dass etwas Positives eintritt. Dieser Glaube kann die Chancen erhöhen, dass dies tatsächlich geschieht. Dies ist nicht auf Magie zurückzuführen, sondern leitet sich aus dem gesunden Menschenverstand ab. Ein Beispiel:

Angenommen, zwei verschiedene Personen suchen eine Arbeitsstelle. Bert ist Pessimist, Anna Optimistin. Auch wenn beide genau die gleichen Qualifikationen haben, wird wahrscheinlich Anna eher eine Arbeit finden. Und zwar deshalb:

> • **Folie III / 9** (Anna und Bert, S. 96) auflegen

Schritt 1: „Soll ich die Stellenanzeigen lesen?"
Bert: „Es hat keinen Sinn, wahrscheinlich gibt es eh keine Jobs"
Anna: „Ich kann es zumindest versuchen"
Folge: Wenn es einen Job gibt, so hat Anna zumindest eine kleine Chance, ihn zu finden. Bert hat überhaupt keine Chance, solange er die Stellenanzeigen nicht liest

Schritt 2: „Soll ich die Telefon-Nummer aus der Anzeige anrufen?"
Bert: „Ich entspreche nicht ganz den Anforderungen "
Anna: „Nicht ganz, aber ziemlich. Lass die dann entscheiden"
Folge: Wenn es überhaupt eine Chance gibt, den Job zu bekommen, so ist Annas Chance größer, wenn sie anruft

Schritt 3: „Soll ich zu einem Vorstellungsgespräch gehen?"
Bert: „Ich werde sowieso wieder abgewiesen"
Anna: „Es ist unklar, ob sie mich nehmen werden, aber zumindest bekomme ich dadurch Übung für weitere Vorstellungsgespräche"
Folge: Anna bekommt Übung. Wenn der Job nicht genau auf sie passt, gibt es dort vielleicht einen anderen für sie. Wenn sie den Anforderungen entspricht, kann sie den Job bekommen

Wie Sie sehen, erhöht Optimismus bei jedem Schritt die Chancen, ein Ziel zu erreichen. Pessimisten vermindern dagegen ständig ihre Chancen, indem sie sich die Motivation nehmen, etwas zu tun.

Erinnern Sie sich an den Zusammenhang zwischen Gedanken, Handlungen und Gefühlen. Die Art, wie Sie denken, beeinflusst, was Sie tun, und wie Sie sich fühlen. Alles hängt zusammen!

5. Vom Kurs zu den Hausaufgaben

1. Führen Sie das tägliche Stimmungsprotokoll weiter (**M2**).

2. Bearbeiten Sie im Verlauf der Woche drei verschiedene Situationen auf den beiliegenden Arbeitsblättern (**M4**) nach der ABCD-Methode.

   – Notieren Sie das unerfreuliche Ereignis (**A**).
   – Danach tragen Sie das Gefühl ein, das Sie in dieser Situation hatten (**C**).
   – Als nächstes schreiben Sie Ihre bewertenden Gedanken, die Sie in der Situation hatten, in die mittlere Spalte (**B**).
   – Überlegen Sie dann neue, konstruktive Gedanken, die Sie sich in der Situation hätten sagen können (**D**).
   – Notieren Sie diese neuen Gedanken (**D**) und das daraus folgende Gefühl (**E**) in die entsprechenden Spalten.

3. Bringen Sie diese Aufzeichnungen zur nächsten Stunde wieder mit, damit wir Ihre Erfahrungen damit besprechen.

Sitzung 4: Wie unsere Aktivitäten die Stimmung beeinflussen

Inhalt
– Depressive Spirale – Aufbau und Planung ausgleichender Tätigkeiten
Gliederung
1. Wiederholung 2. Zusammenhang zwischen Stimmung und angenehmen Tätigkeiten 3. Was sind angenehme Tätigkeiten? 4. Stimmung stabilisieren 5. Erstellung der Persönlichen Liste angenehmer Tätigkeiten 6. Vom Kurs zu den Hausaufgaben
Übungen
– Befragung: Erfahrungen in Bezug auf positive und negative Spirale – Erstellen der persönlichen Liste angenehmer Tätigkeiten (**M5**)
Materialien
– **M5** (S. 180) – **M3** (S. 162–167) ausgewertet austeilen

1. Wiederholung:

– Das tägliche Stimmungsprotokoll (**M2**)
– Die ABCD-Methode (**M4**) – Ihre Erfahrungen damit

Unser heutiges Thema sind die angenehmen Tätigkeiten in unserem Alltag und deren Wirkung auf unsere Stimmung.
Sie erinnern sich an unser Dreieck, in dem sich Denken, Handeln und Fühlen gegenseitig beeinflussen:

> • **Folie IV / 1** (Dreieck: Gedanken, Gefühle, Handeln, S. 97) auflegen

Heute und die nächsten Sitzungen wollen wir vor allem am Punkt „Handeln" arbeiten.

2. Zusammenhang zwischen Stimmung und angenehmen Tätigkeiten

Je weniger angenehme Tätigkeiten wir durchführen, *desto depressiver* fühlen wir uns.

Viele Menschen reagieren auf depressive Stimmung damit, dass sie weniger Dinge unternehmen, die normalerweise angenehm für sie sind. Was den meisten Menschen jedoch nicht bewusst ist, ist, dass dies die Stimmung nur noch weiter verschlechtert. Durch den Rückzug nehmen wir uns nämlich die Möglichkeit, angenehme Erfahrungen zu machen, die die Stimmung positiv beeinflussen (Verstärkerverlust).

Die große Frage: Bewirkt eine niedrige Zahl angenehmer Tätigkeiten depressive Gefühle – oder bewirken depressive Gefühle, dass wir weniger unternehmen? Vermutlich trifft beides zu. Viele Dinge beeinflussen sich gegenseitig.

> • **Folie IV / 2** (depressive Spirale, S. 98) auflegen

Man kann sich dies als eine Art Teufelskreis oder *depressive Spirale* vorstellen: Je weniger wir unternehmen, desto depressiver fühlen wir uns, und je depressiver wir uns fühlen, desto weniger tun wir, was uns nur noch depressiver macht, usw.

> • **Folie IV / 3** (positive Spirale, S. 99) auflegen

Glücklicherweise gibt es auch eine *positive Spirale:* Je mehr wir unternehmen, desto besser fühlen wir uns, und je besser wir uns fühlen, desto eher unternehmen wir etwas.

- An dieser Stelle TeilnehmerInnen ihre eigenen Erfahrungen schildern lassen

- Fragen zum Thema beantworten und diskutieren

Wir können die positive Spirale dazu nutzen, unsere Stimmung positiv zu beeinflussen:

Wir haben bereits in früheren Sitzungen erfahren, dass es schwierig ist, sich einfach selbst zu sagen: „fühl dich gut", – das heißt, seine Gefühle auf direktem Wege zu ändern.

Leichter ist es, sich zu ermuntern, etwas Angenehmes zu tun und es auszuführen. Dies wird sich dann wiederum positiv auf die Stimmung auswirken. Der Schlüssel hierbei ist: die Stimmung über das Handeln (angenehme Tätigkeiten) positiv zu beeinflussen, da es schwierig ist, die Stimmung direkt zu beeinflussen.

3. Was sind angenehme Tätigkeiten?

Angenehme Tätigkeiten sind von Mensch zu Mensch sehr verschieden. Etwas, das von einer Person als angenehm empfunden wird, mag für jemand anderes neutral oder unangenehm sein.

- **Folie IV / 4** (Beispiele angenehmer Tätigkeiten, S. 100) auflegen

Beispiele für angenehme Tätigkeiten/Ereignisse:
- allein sein   – einen Brief schreiben
- Fernsehen   – küssen
- jemandem helfen   – einkaufen gehen
- die Natur betrachten   – etwas Neues lernen
- tagträumen

Angenehme Tätigkeiten müssen nicht unbedingt *besondere* Ereignisse sein (obwohl sie es sein können). Meist sind es ganz *alltägliche Aktivitäten.*
Angenehme Tätigkeiten können sowohl äußere Aktivitäten (z.B. irgend etwas unternehmen) als auch innere Aktivitäten (mentale / seelische, z.B. sich etwas Schönes vorstellen, tagträumen) sein.

- TeilnehmerInnen eigene Beispiele aufführen lassen

4. Stimmung stabilisieren

Um Ihre Stimmung auf einem guten Niveau zu halten, müssen Sie ein *ausreichendes Maß an angenehmen Tätigkeiten* ausführen.

Manchmal fällt es uns schwer, uns an Aktivitäten zu erinnern, die angenehm für uns sind, besonders wenn wir sie lange nicht getan haben. Und wenn wir niedergeschlagen sind, fällt es uns noch schwerer, uns an angenehme Dinge zu erinnern.

Es ist auch so, daß die Zahl angenehmer Tätigkeiten, die man braucht, um sich gut zu fühlen, von Mensch zu Mensch verschieden ist. Manche Leute brauchen mehr oder weniger angenehme Aktivitäten als andere dazu.

Zum Beispiel hat man festgestellt, dass ältere Menschen an weniger Aktivitäten teilnehmen als Jüngere, aber ihre Stimmung trotzdem nicht schlechter ist. Sie mögen über die Jahre gelernt haben, genau die Dinge auszuwählen, die sie wirklich als angenehm empfinden. Jüngere Menschen nehmen in der Regel an viel mehr Aktivitäten teil – aber wissen manchmal vielleicht nicht so recht, was sie wirklich mögen.

Zur Ideensammlung für eigene angenehme Aktivitäten gibt es die *„Liste angenehmer Tätigkeiten"*. In dieser Liste finden sich Tätigkeiten, die von vielen Menschen als angenehm erlebt werden. Natürlich gilt auch hier: was als angenehm empfunden wird, ist von Mensch zu Mensch unterschiedlich.

- Besprechen der „Liste angenehmer Tätigkeiten" (**M3**)

- Den TeilnehmerInnen ihre ausgefüllte Liste angenehmer Tätigkeiten **M3** (nach Sitzung 1 ausgefüllt), wieder austeilen und das Prinzip nochmals erklären (vgl. Sitzung 1)

- **Folie IV / 5** (**M3** erste Seite „angenehme Tätigkeiten", S. 101) auflegen

Diese Liste haben Sie bereits nach der 1. Sitzung ausgefüllt. Wir haben sie ausgewertet und heute wieder mitgebracht.

Wir haben inzwischen die Werte der Häufigkeitsspalte und die der Angenehmheitsspalte getrennt addiert und jeweils durch die Anzahl der Tätigkeiten auf der Liste (236) geteilt.
Sie haben damit jetzt zwei Werte vor sich. Der eine ist der mittlere Häufigkeitswert, der andere der mittlere Angenehmheitswert. Wenn Sie möchten, können Sie Ihre eigenen Werte nun mit

denen vergleichen, die sich aus größeren Bevöl-
kerungsumfragen ergeben haben:

> • **Folie IV / 6** (Durchschnittswerte, S. 102)
>   auflegen

Aus den unterschiedlichen Kombinationen ergeben sich verschiedene Muster:

Haben Sie eine *niedrige* Häufigkeit und eine
durchschnittliche oder *hohe* Angenehmheit, so
führen Sie nur wenige Tätigkeiten aus, die Sie als
angenehm erleben.
Haben Sie eine *hohe* Häufigkeit, aber eine *niedrige* Angenehmheit, so unternehmen Sie zwar viel,
erleben aber keine besondere Freude dabei.
Haben Sie eine *niedrige* Häufigkeit und eine
niedrige Angenehmheit, so unternehmen Sie wenig und haben dazu noch wenig Freude an den
von Ihnen ausgeübten Tätigkeiten.

> • Kurzentspannung (siehe Kap. 5)

5. Erstellung der Persönlichen Liste angenehmer Tätigkeiten

> • Im Folgenden werden die TeilnehmerInnen
>   instruiert, wie sie ihre persönliche Liste
>   (**M5**) erstellen sollen. In die Liste sollen
>   insgesamt 30 angenehme Tätigkeiten ein-
>   getragen werden. 20 davon stammen aus
>   der „Liste angenehmer Tätigkeiten", weite-
>   re 10 soll sich jede TeilnehmerIn aus ihrem
>   eigenen Erfahrungsbereich heraussuchen.
>   Diese Tätigkeiten werden in der heutigen
>   Sitzung noch in die dafür vorgesehenen
>   Zeilen eingetragen und das weitere Vorge-
>   hen (Hausaufgaben) wird erklärt.

Sie sollen nun Ihre „Persönliche Liste angenehmer Tätigkeiten" erstellen.
Bitte gehen Sie dazu nun wie folgt vor: Zunächst wählen Sie Ihre angenehmen Tätigkeiten
aus. Füllen Sie dazu die Reihen 1 bis 20 (links)
der Reihe nach mit Tätigkeiten aus, die in Ihrer
„Liste angenehmer Aktivitäten" folgende Werte
haben:

> • **Folie IV / 7** (Häufigkeit und Angenehmheit,
>   S. 103) auflegen und vorlesen

Die Tätigkeiten aus 1. – 3. können ohne Rücksicht auf die Reihenfolge gewählt werden. Es sollen jedoch Tätigkeiten ausgewählt werden, die in
nächster Zeit auch durchführbar sind.

> • TeilnehmerInnen „Liste angenehmer Tätig-
>   keiten" (**M5**) ausfüllen lassen
> • Bei Problemen Hilfestellung geben

Sie haben nun 20 angenehme Tätigkeiten einge-
tragen. Wählen Sie nun noch 10 weitere Tätigkei-
ten aus, die nicht auf der Liste stehen, nach Ihrer
Erfahrung jedoch sehr angenehm sind. Beachten
Sie: auch kleine Dinge sind wichtig (in Ruhe eine
Tasse Tee trinken, etc.).

> • Sind keine 10 Tätigkeiten zu finden, so
>   können noch weitere Tätigkeiten aus der
>   „Liste angenehmer Tätigkeiten" (**M3**) auf-
>   gegriffen werden.

Ihre Hausaufgabe für die nächsten 2 Wochen besteht nun darin, Ihre „Persönliche Liste angenehmer Tätigkeiten" (**M5**) jeden Abend durchzuge-
hen. Machen Sie hinter jede Tätigkeit, die Sie an
diesem Tag ausgeführt haben, einen Haken. Machen Sie aber nur dann einen Haken, wenn die
Tätigkeit wirklich angenehm für Sie war. Ich zei-
ge Ihnen das nun an einem Beispiel.

> • **Folie IV / 8** (**M5** Beispiel einer „Persönli-
>   chen Liste" , S. 104) auflegen

Tragen Sie oben das Datum oder den Wochentag
ein, um sich besser zu orientieren.
Machen Sie diese Eintragungen jeden Tag. Wenn
Sie sie einmal vergessen haben sollten, so versu-
chen Sie sich am nächsten Tag zu erinnern, was
Sie an diesem Tag erlebt und getan haben. Es ist
wichtig, dass die Liste vollständig ausgefüllt ist.
Zählen Sie jeden Tag Ihre Haken von oben nach
unten zusammen und tragen die Summe in die
Zeile „Zwischensumme" ein. Wenn Sie alle Sei-
ten der Liste durchgegangen sind, tragen Sie
schließlich die Tagessumme in der vorletzten
Zeile ein.
Gibt es hierzu Fragen? (Zeit nehmen!)

*Übertragen Sie zusätzlich Ihren täglichen Stim-
mungswert in die letzte Zeile der „Persönlichen
Liste" (**M5**).*

Bitte bringen Sie die Liste zur nächsten Sitzung
wieder mit, damit wir über Ihre Erfahrungen
sprechen können. In der nächsten Sitzung wollen
wir erarbeiten, wie Sie Ihre angenehmen Tätigkeiten systematisch steigern können, und was dabei zu beachten ist.

6. Vom Kurs zu den Hausaufgaben

1. Führen Sie das tägliche Stimmungsprotokoll (**M2**) weiter
2. – Notieren Sie am Ende jeden Tages Ihre durchgeführten angenehmen Aktivitäten in Ihrer „Persönlichen Liste angenehmer Aktivitäten" (**M5**).
   – Schreiben Sie die Gesamtzahl der angenehmen Ereignisse pro Tag ans Ende der Liste.
   – Übertragen Sie auch Ihren täglichen Stimmungswert aus dem täglichen Stimmungsprotokoll (**M2**) ans Ende der Liste.
3. Tun Sie dies zwei Wochen lang. Bringen Sie Ihre Liste zu den nächsten Sitzungen mit, damit wir sehen können, ob es einen Zusammenhang zwischen Ihren angenehmen Aktivitäten und Ihrer Stimmung gibt.

Wir haben nun die erste Hälfte des Kurses abgeschlossen. Höchste Zeit für eine kurze Zwischenbilanz. Was hat Ihnen gefallen, was weniger und wie geht es Ihnen im Moment?

• **Blitzlicht:** Jede TeilnehmerIn wird gebeten, ein kurzes Statement abzugeben.

Sitzung 5: Angenehme Aktivitäten steigern

Inhalt
– Gründe, die angenehme Tätigkeiten und Erfahrungen erschweren – Steigerung angenehmer Tätigkeiten
Gliederung
1. Wiederholung 2. Gründe, die angenehme Tätigkeiten und Erfahrungen erschweren 3. Planung angenehmer Tätigkeiten 4. Einzelne Schritte des Aktivitätsplans 5. Vom Kurs zu den Hausaufgaben
Übungen
– Einzelübungen: Welche Gedanken stehen im Wege … (**M6**) Was ich nächste Woche tun muss … (**M7**) Eintragung von Pflichten und angenehmen Tätigkeiten in den Wochenplan (**M8**)
Materialien
– **M6** (S. 183), **M7** (S. 184), **M8** (S. 185), **M5** (S. 180), **M3** (S. 162 ff.), **M2** (S. 186)

1. Wiederholung:

– Das tägliche Stimmungsprotokoll (**M2**)
– Die persönliche Liste angenehmer Tätigkeiten (**M5**)
– Wie waren Ihre Erfahrungen mit dieser Liste?
– Sind Aktivitäten in der Liste, die Sie gerne öfter durchführen möchten?
– Gab es Probleme, Zeit für angenehme Aktivitäten zu finden?

> • Bei der Wiederholung sollen die TeilnehmerInnen ihre persönliche Liste durchgehen und über die tägliche Zahl der Aktivitäten berichten
>
> • Sehen sie einen Zusammenhang der Anzahl von angenehmen Tätigkeiten und ihrem Stimmungswert?
>
> • Gab es Tätigkeiten, die sie nur schlecht genießen konnten? Warum?
>
> • Gibt es Aktivitäten, die sie schon lange nicht mehr ausgeführt hatten, und die sie sehr genossen haben und gern öfter ausführen würden?

2. Gründe, die angenehme Tätigkeiten und Erfahrungen erschweren

> • **Folie V / 1** (Pflichten, S. 105) auflegen

a. Sie haben zu viele Pflichten

In Ihrem Alltag überwiegen Tätigkeiten, die Sie als unangenehm oder neutral empfinden. Sie sind unter Zeitdruck, weil Sie diesen Verpflichtungen nachkommen möchten. Dadurch haben Sie wenig Zeit für angenehme Tätigkeiten.

Viele Menschen haben das Problem, dass sie denken, keine Zeit zu haben für angenehme Aktivitäten. Schon der Gedanke daran lässt sie sich schlecht fühlen! Wichtig ist es hier, erst mal einen Anfang zu finden. Wenn wir anfangen, angenehme Tätigkeiten auszuführen, fühlen wir uns gut. Wir gewöhnen uns daran, diese in unseren Alltag einzubauen – und es wird leichter und leichter. Aber der Anfang kann echt schwierig sein – auch wenn wir versuchen, etwas zu tun, was eigentlich Spaß macht!

Der beste Weg, etwas tatsächlich zu tun, ist, es im Voraus zu planen. Wenn Sie etwas planen, treffen Sie eine Übereinkunft mit sich selbst. Die Planung gibt Ihnen auch die Möglichkeit, Dinge, die Sie tun wollen und Dinge, die Sie tun müssen, auszubalancieren. Im Voraus zu planen hilft Ihnen, auszuwählen, was wirklich getan werden muss und gleichzeitig notwendige Erholungszeiten einzubauen.

Die heutige Sitzung soll Ihnen helfen, diese Planung zu verbessern.

> • **Folie V / 2** (Sorgfalt, S. 106) auflegen

b. Bei der Auswahl angenehmer Tätigkeiten sind Sie nicht sorgfältig genug

Sie nehmen sich zwar Zeit für angenehme Tätigkeiten, wählen jedoch solche Aktivitäten aus, die Ihnen nur wenig oder keine Freude bereiten (z. B. sehen Sie fern, obwohl das Programm langweilig ist, oder Sie verabreden sich gewohnheitsmäßig zu Aktivitäten, die Ihnen eigentlich gar keinen Spaß machen).

Mögliche Lösung: Klären Sie Ihre Bedürfnisse. Nehmen Sie sich Zeit für die Dinge, die Sie wirklich tun wollen.

> • **Folie V / 3** (Lebenssituation, S. 107) auflegen

c. In Ihrer Lebenssituation hat sich etwas Grundlegendes geändert, was bisher Angenehmes nun schwer erreichbar macht

Beispiele hierfür sind: Umzug, berufliche Veränderung, neue Ziele, Pensionierung, Trennung vom Partner etc.

Mögliche Lösung: Suchen Sie nach neuen Tätigkeiten, die der veränderten Situation angepasst sind.

> • **Folie V / 4** (Anspannung, S. 108) auflegen

d. Sie fühlen sich in einer eigentlich angenehmen Situation nicht wohl, weil Sie sich ängstlich und angespannt fühlen

Mögliche Lösung: Klären Sie den Grund der Anspannung. Arbeiten Sie gezielt daran (z. B. Entspannungsübungen, soziale Fertigkeiten).

3. Planung angenehmer Tätigkeiten

Es ist wichtig, ein ausgewogenes Verhältnis zwischen Pflichten und angenehmen Tätigkeiten zu finden. Hierfür ist es hilfreich, einen Plan zur Steigerung angenehmer Aktivitäten zu entwickeln. Einige allgemeine Überlegungen hierzu:

> • **Folie V / 5** (Waage, S. 109) auflegen

Gleichgewicht: Ziel ist, ein ausgewogenes Gleichgewicht zu finden zwischen Dingen, die Sie tun müssen und Dingen, die Sie tun möchten.

Planung: versuchen Sie, Problemen vorzugreifen, die der Ausführung Ihres Plans entgegenstehen könnten (z. B. Terminkalender, Babysitter bestellen, Telefon abstellen, rechtzeitig etwas mit anderen vereinbaren, einen Tisch reservieren etc.).

> • **Folie V / 6** (Stop-Schild, S. 110) auflegen

Nein-sagen: Lernen Sie, Nein zu sagen, wenn andere in der Zeit Ihre Hilfe beanspruchen, für die Sie eine angenehme Tätigkeit geplant hatten. Sie können sagen: „ich habe etwas anderes vor" oder einfach, daß Sie das jetzt nicht tun möchten (ohne Erklärung – das ist ok.) oder Ihre Hilfe zu einem anderen Zeitpunkt anbieten.

> • **Folie V / 7** (Gedanken, S. 111) auflegen
>
> • Einzelübung: Arbeitsblatt **M6**

Überlegen Sie sich anhand einer angenehmen Tätigkeit, die Sie schon lange nicht mehr durchgeführt haben:
Welche Gedanken stehen Ihnen im Weg dabei, die Dinge zu tun, die Sie tun möchten?
Welche Gedanken helfen Ihnen, die Dinge zu tun, die Sie tun möchten?
Notieren Sie diese Gedanken auf dem Arbeitsblatt **M6**.

> • Beispiele der TeilnehmerInnen besprechen
>
> • Kurzentspannung (siehe Kap. 5)

4. Einzelne Schritte des Aktivitätsplans

> • **Folie V / 8** (**M7** Was ich muss – was ich will, S. 112) auflegen
>
> • Zu Liste **M7** gehen. Die TeilnehmerInnen sollen links eintragen, was in dieser Woche

(die nächsten 7 Tage von morgen an) zu tun ist, und rechts, was sie gerne tun möchten.

1. Ihre Liste: Was ich nächste Woche tun *muss* – was ich nächste Woche tun *will* (**M7**)

Überlegen Sie, was Sie diese Woche an Pflichten haben und schreiben Sie diese in die linken Spalten. Wenn es Dinge gibt, die Sie *irgendwann einmal* tun müssen, so schreiben Sie diese auf die Rückseite des Blatts. Versuchen Sie nicht, alles in einer Woche zu erledigen!

Anschließend tragen Sie in die rechten Spalten solche Aktivitäten ein, die Ihnen diese Woche Spaß machen würden und die diese Woche auch getan werden können. Auch hier gilt: wenn es sich um angenehme Dinge handelt, die Sie schon lange ausführen wollten, die jedoch viel Zeit, Geld oder Vorbereitung erfordern – schreiben Sie sie auf die Rückseite, um sie für die Zukunft einzuplanen. Ihre Liste für diese Woche sollte nur solche Dinge enthalten, die Sie vernünftigerweise in dieser einen Woche auch tun können!

2. Eintragen von *Pflichten* in den *Wochenplan* (**M8**)

- **Folie V / 9 (M8** Wochenplan, S. 113) auflegen

Welche Pflichten haben Sie an welchem Tag, zu welcher Uhrzeit?
Teilen Sie die Pflichten in kleine Arbeitsschritte, lassen Sie dazwischen Platz für angenehme Tätigkeiten.

3. Festlegen, *wieviele* angenehme Tätigkeiten Sie pro Tag unternehmen möchten

Benutzen Sie Ihre persönliche Liste angenehmer Tätigkeiten. Die durchschnittliche Zahl der dort aufgeführten angenehmen Tätigkeiten pro Tag sollen Sie in Zukunft nicht unterschreiten.
Legen Sie fest:
„In der kommenden Woche möchte ich jeden Tag mindestens .... angenehme Tätigkeiten ausführen." Für jeden Tag nicht weniger als zwei angenehme Tätigkeiten planen!

4. Festlegen, *welche* angenehmen Tätigkeiten Sie in der nächsten Woche ausführen möchten. Wählen Sie aus folgenden Bereichen aus:

a. Tätigkeiten aus dem Blatt: „was ich tun möchte" (**M7**)

b. Tätigkeiten aus Ihrer persönlichen Aktivitätsliste (**M5**)
c. Tätigkeiten aus der Liste angenehmer Tätigkeiten (**M3**)

5. Eintragen der *angenehmen Tätigkeiten* in den *Wochenplan* (**M8** – wann, wo, wie lange?)

- Es können hier auch Beispiele vorgegeben werden:

Z. B. könnte Ihre Liste folgendermaßen aussehen:

Freitag: Eine Schallplatte anhören, die ich mag, aber seit Monaten nicht mehr gehört habe (+ weitere Aktivitäten)
Samstag: 30 Minuten aktives Nichtstun – an einem speziellen Ort (z. B. langsam durch die Straßen wandern, an einem netten Platz draußen sitzen, durch dic Bücherei schlendern, etc.) (+)
Sonntag: Etwas zusammen mit anderen unternehmen (spezifizieren) (+)
Montag: Mir etwas kaufen, was Freude macht und nicht zu teuer ist (+)
Dienstag: Etwas zur Entspannung lesen – ein Magazin, ein Buchkapitel, die Wochenzeitung etc. (+)
Mittwoch: Ein Konzert/ eine Veranstaltung besuchen (+)
Donnerstag: Jemanden anrufen, den ich schon lange anrufen wollte (+)

Das Ziel liegt in einem ausgewogenen Verhältnis von Pflichten und angenehmen Aktivitäten!

6. Eine *Vereinbarung* mit sich treffen.

Treffen Sie eine Vereinbarung mit sich selbst, den Wochenplan umzusetzen. Für die Einhaltung des Plans, aber auch für das Erreichen von Teilzielen, sollen Sie sich belohnen!

7. Setzen Sie *Selbstgespräche* ein, um sich zu motivieren

Diskutieren Sie mit den Gedanken, die Ihnen im Weg stehen, das zu tun, was Sie geplant haben. Wenn Sie sich z. B. fragen: „Warum soll ich mich belohnen, für angenehme Dinge, die ich getan habe?" – was könnten Sie sich sagen, um sich zu motivieren, es trotzdem zu versuchen?

5. Vom Kurs zu den Hausaufgaben:

1. Führen Sie das tägliche Stimmungsprotokoll (neues Blatt **M2**) fort
2. Tragen Sie Ihre angenehmen Aktivitäten in Ihre persönliche Liste angenehmer Tätigkeiten ein (**M5**)
3. – Setzen Sie das, was Sie sich vorgenommen haben (Arbeitsblatt **M7**) diese Woche in die Tat um.

– Halten Sie Pflichten und angenehme Tätigkeiten in Ihrem Wochenplan (**M8**) ein. Markieren Sie die Tätigkeiten, die Sie nicht einhalten konnten.

– Seien Sie nicht beunruhigt, wenn Sie Ihre Ziele nicht sofort erreichen. Im Voraus planen kostet Zeit und Übung, und unerwartete Ereignisse können vorkommen.

– Belohnen Sie sich für das Erreichen Ihrer Ziele!

Sitzung 6: Wie Kontakte mit Anderen unsere Stimmung beeinflussen/ Selbstsicheres Verhalten

Inhalt
– Depressive Spirale – Möglichkeiten zur Stärkung des Sozialen Unterstützungsnetzwerks – Selbstsicheres Verhalten – Adäquate Kommunikation: typische Fehler und Stile, Ich-Botschaften

Gliederung
1. Wiederholung 2. Zusammenhänge zwischen depressiver Verstimmung und Kontakten mit anderen Menschen 3. Soziale Unterstützung 4. Wie wirken Sie auf Andere? 5. Selbstsicheres Verhalten: Eigene Gedanken, Gefühle und Wünsche angemessen äußern 5.1 Selbstsicheres Verhalten im Bereich „Kein Problem" 5.2 Selbstsicheres Verhalten bei Problemen 5.3 Wie kann man lernen, selbstsicherer zu werden? 6. Vom Kurs zu den Hausaufgaben

Übungen
– Befragung: Wie verhalten Sie sich im Kontakt mit Anderen, wenn Sie sich niedergeschlagen oder depressiv fühlen? – Einzelübung: Erstellen einer Liste von Situationen, in denen Sie selbstsicherer werden möchten **(M9)** – Rollenspiele **(M9, M10)**

Materialien
– **M9** (S. 190), **M10** (S. 191)

1. Wiederholung:

– Das tägliche Stimmungsprotokoll (**M2**)
– Die persönliche Liste angenehmer Tätigkeiten (**M5**)
– Ihr Wochenplan (**M8**):
  Wie ist es Ihnen ergangen?
  Was haben Sie erreicht?
  Wie haben Sie sich belohnt?
– Gab es Gedanken, die für Sie hilfreich waren, um Ihre angenehmen Aktivitäten zu steigern?

• **Folie VI / 1** (Übersicht, S. 114) auflegen
• Heutige Sitzung in Dreieck Gedanken, Gefühle, Verhalten einordnen

2. Zusammenhänge zwischen depressiver Verstimmung und Kontakten mit anderen Menschen

• TeilnehmerInnen nach eigenen Erfahrungen befragen: Wie verhalten sie sich im Kontakt mit anderen, wenn sie sich niedergeschlagen oder depressiv fühlen?
• **Folie VI / 2** (Wenn wir uns niedergeschlagen fühlen, S. 115) auflegen

Wenn wir uns niedergeschlagen oder depressiv fühlen:
– haben wir weniger Kontakt mit anderen Leuten
– fühlen wir uns unwohl in Gesellschaft anderer
– sind wir stiller, reden weniger
– sind wir weniger selbstsicher, d. h., wir äußern nicht, was uns gefällt oder was uns nicht gefällt

– reagieren wir sensibel darauf, wenn wir ignoriert, kritisiert oder abgelehnt werden

Führt depressive Verstimmung zu weniger Geselligkeit oder umgekehrt: verursacht weniger Geselligkeit depressive Verstimmungen?

> • **Folie VI / 3** (Spirale, S. 116) auflegen

Die Antwort ist, wieder einmal: wahrscheinlich beides. Wenn wir uns schlecht fühlen, ist die Wahrscheinlichkeit geringer, dass wir kontaktfreudig sind. Jedoch, keinen Kontakt zu Leuten zu haben, nimmt uns eine wichtige Quelle fürs Wohlbefinden, und so fühlen wir uns noch schlechter. Wenn wir uns noch schlechter fühlen, unternehmen wir noch weniger mit Anderen. Dies kann schließlich so weit gehen, dass wir die meiste Zeit alleine verbringen.

3. Soziale Unterstützung

> • **Folie VI / 4** (Soziale Unterstützung, S. 117) auflegen

Es ist wissenschaftlich belegt, dass soziale Unterstützung durch Andere wichtige Auswirkungen auf unser Wohlbefinden hat. Im Allgemeinen ist es so: Je besser die Unterstützung, um so leichter ist es, schwierigen Situationen zu begegnen. Unter Sozialer Unterstützung versteht man Unterstützung durch die Menschen, die einem nahe stehen und mit denen man sein Leben teilt. Dazu gehören die Familie, Freunde, Nachbarn, Kollegen und Bekannte.

Gute soziale Unterstützung reduziert die Wahrscheinlichkeit, ernsthaft depressiv zu werden.
– Wenn Ihr sozialer Unterstützungskreis klein ist, möchten Sie ihn vielleicht vergrößern.
– Wenn ihr sozialer Unterstützungskreis ausreichend groß ist, möchten Sie ihn vielleicht noch besser schätzen lernen und ihn gut erhalten.

Wie macht man das? Darum geht es im Folgenden.

Drei wichtige Punkte im Kontakt mit Anderen:

> • **Folie VI / 5** (wichtige Punkte, S. 118) auflegen

– Wie wirken Sie auf andere Menschen?

– Selbstsicheres Verhalten
– Wie kann man Kontakte mit Leuten verbessern?

Die ersten beiden Punkte wollen wir heute, den letzten Punkt in der nächsten Sitzung besprechen.

4. Wie wirken Sie auf Andere?

> • **Folie VI / 6** (Wirkung auf andere, S. 119) auflegen

Wenn wir depressiv wirken, führt das dazu, dass andere Menschen weniger freundlich zu uns sind.
– Ihr Gesicht: Lächeln Sie ab und zu? Halten Sie Augenkontakt?
– Ihr Körper: Haben Sie eine schlaffe Haltung? Sehen Sie müde oder ausgelaugt aus?
– Ihre Sprache: Sprechen Sie sehr langsam oder sehr leise?
– Ihren Gesprächspartnern gegenüber: Zeigen Sie Interesse an dem, was andere erzählen? Ignorieren Sie andere häufig oder kritisieren sie die meiste Zeit?
– Sie selbst: Klagen oder beschweren Sie sich häufig? Sprechen Sie oft nur über negative Stimmungen und Ereignisse?

Die Art und Weise, wie Sie sich fühlen, beeinflusst die Art, wie Sie sich verhalten und anderen Menschen gegenübertreten. Die Art, wie Sie sich in sozialen Situationen verhalten, beeinflusst wiederum die Art, wie Sie sich fühlen.

5. Selbstsicheres Verhalten: Eigene Gedanken, Gefühle und Wünsche angemessen äußern

> • **Folie VI / 7** (Unterschiedliche Stile, S. 120) auflegen
>
> • Die verschiedenen Stile anhand von Beispielsituationen demonstrieren

Unterschiedliche Stile im Umgang mit Anderen:

– der passive/selbstunsichere Stil: eigene Bedürfnisse werden zurückgestellt
– der aggressive Stil: eigene Interessen werden ohne Rücksicht auf die Bedürfnisse anderer durchgesetzt
– der selbstsichere Stil: eigene Gedanken, Gefühle und Bedürfnisse werden offen mitgeteilt

Menschen, die wenig selbstsicher sind, sind im Umgang mit Anderen häufig ängstlich und können eigene Bedürfnisse und Wünsche nicht äußern. Werden solche Bedürfnisse aber über längere Zeit nicht befriedigt, so wirkt sich das negativ auf die Stimmung aus.

> • **Folie VI / 8** (Definition Selbstsicheren Verhaltens, S. 121) auflegen

Selbstsicheres oder sozial kompetentes Verhalten bedeutet, eigene Wünsche und Bedürfnisse offen zu äußern, aber auch die Wünsche und Bedürfnisse anderer zu berücksichtigen. Es bietet die Möglichkeit einen echten Kompromiss auszuhandeln, mit dem alle beteiligten Personen zufrieden oder zumindest einverstanden sind. Längerfristig führt das dazu, dass Kontakte überwiegend als angenehm erlebt werden.

> • **Folie VI / 9** (**M9** Beispiele sozial kompetenten Verhaltens, S. 122) auflegen

Sozial kompetentes Verhalten zeigt sich in Körperhaltung, Gestik und Mimik, im Blickkontakt, in der Stimmlage, in der Wortwahl und den Inhalten.

Selbstsicheres Verhalten in 3 Schritten:

> • **Folie VI / 10** (Schritte selbstsicheren Verhaltens, S. 123) auflegen

1. Das *Gefühl* benennen: Welche Gefühle löst das Verhalten des Anderen in mir aus?
2. Das *Verhalten* ganz genau beschreiben: Nur was Sie sehen, wird beschrieben. Sie „filmen" die Situation.
3. Spürbare *Folgen und Auswirkungen* des Verhaltens benennen.

5.1 Selbstsicheres Verhalten im Bereich „Kein Problem"

> • **Folie VI / 11** (Bereich „kein Problem", S. 124) auflegen

– es gibt Auskunft über mich, meine Erfahrungen, Meinungen und Wünsche
– es dient der Anerkennung des Anderen
– es beugt Konflikten vor
– es verbessert dadurch die Beziehung zu Anderen

1. *Gefühl:*   – ich finde es toll, ...
             – es freut mich, ...
2. *Verhalten:* ... dass der Tisch gedeckt ist ...
3. *Folgen:*   ... dadurch hab ich heute mehr Zeit zum Frühstücken.

5.2 Selbstsicheres Verhalten bei Problemen

> • **Folie VI / 12** (Bereich „Probleme", S. 125) auflegen

– es spricht den Anderen nicht schuldig oder frei, dieser muss sich dadurch nicht rechtfertigen
– es macht eine Verständigung eher möglich
– es ist weniger bedrohlich als vorwurfsvolles Verhalten

1. *Gefühl:*   – es stört mich, ...
             – es ärgert mich, ...
             – es macht mich wütend, ...
2. *Verhalten:* ... dass die Musik so laut aufgedreht ist ...
3. *Folgen:*   ... ich kann mich dadurch schlecht auf meine Arbeit konzentrieren, ich brauche dadurch mehr Zeit für meine Arbeit.

Zur Lösung eines Problems schließt sich ein weiterer Schritt selbstsicheren Verhaltens an:

4. meinen *Wunsch* an den Anderen richten: wie könnte die Lösung des Problems aussehen? z. B.: „Stell die Musik doch bitte etwas leiser."

> • **Folie VI / 13** (apokalyptische Reiter, S. 126) auflegen

Drei apokalyptische Reiter, die Selbstsicherheit vortäuschen, uns jedoch nur tiefer in Probleme hineinreiten:

– *Verallgemeinerungen*	*statt*	*Situationen benennen*
„alles, immer, nie"	*statt*	„dreimal, jetzt, heute"
Gefahr: eine Situation wird aufgebauscht		

– *Moralisieren*	*statt*	*Meinungen äußern*
sich auf Werturteile zurückziehen, beurteilen:		
„es gehört sich nicht, ..."	*statt*	„ich finde es wichtig,..."

„man muss"   „meiner Ansicht
                          nach"
Gefahr: der andere fühlt sich leicht verurteilt,
bekommt Schuldgefühle

– *Du-Botschaften statt*   *Ich-Botschaften*
Vorwürfe aussprechen:
„Du bist eine   statt   „ich bin müde
Plage"   und möchte
                           deshalb nicht mit
                           Dir ausgehen"
Gefahr: der andere fühlt sich leicht angegriffen, muss sich rechtfertigen

Selbstsicheres Verhalten bedeutet nicht, dass man immer erreicht, was man möchte, sondern danach zu fragen. Es bedeutet auch nicht, andere zu manipulieren. Es bedeutet, dass man eigene wichtige Interessen und Bedürfnisse offen vertritt.

Selbstsicheres Verhalten ermöglicht uns, positive und negative Dinge auszusprechen, ohne den anderen zu verletzen. Sie müssen nicht immer sagen was Sie denken, aber es ist gut, die Wahl zu haben.

> • Liste „Beispiele für sozial kompetentes Verhalten" bearbeiten (**M9**)

> • **Folie VI / 9 (M9** Beispiele für sozial kompetentes Verhalten, S. 122) nochmals auflegen

> • Die TeilnehmerInnen sollen anhand dieser Liste Verhaltensweisen ankreuzen, die sie nicht so gut beherrschen bzw. mit denen sie häufiger Schwierigkeiten haben. Anhand dieser Beispiele werden später Rollenspiele durchgeführt (s.u.).

Erstellen Sie eine Liste von Situationen, in denen Sie selbstsicherer werden möchten (Arbeitsmaterialien **M9**).

> • Kurzentspannung (siehe Kap. 5)

5.3 Wie kann man lernen, selbstsicherer zu werden?

a. In der Vorstellung üben!

– Stellen Sie sich die Szene so klar wie möglich vor (als wäre es eine Fotografie)
– Stellen Sie sich vor, wie die Handlung beginnt (als wäre es ein Film)
– Stellen Sie sich vor, etwas selbstsicher zu sagen

– Stellen Sie sich vor, wie der/die andere reagieren wird

Wenn Ihnen das Resultat gefällt, üben Sie es nochmal.

Wenn es Ihnen nicht gefällt, versuchen Sie es nochmals, indem Sie einige Details verändern, die Ihnen nicht gefallen haben.

b. Lernen Sie durch die Beobachtung und Nachahmung anderer, deren selbstsichere Art Ihnen gefällt

c. Holen Sie sich Vorschläge von Freunden ein, wie man solche Situationen meistern kann

d. Wenn Sie sich bereit fühlen, gehen Sie von der Vorstellung zur praktischen Durchführung
Beginnen Sie mit einer leichteren Situation. Beobachten Sie, was passiert. Versuchen Sie es so lange, bis Sie sich damit wohlfühlen.

e. Üben Sie sowohl positive als auch schwierige Situationen
z. B. jemandem seine Freude ausdrücken, Kritik aussprechen, etc.

> • Durchführung von Rollenspielen anhand der Arbeitsmaterialien **M9/ M10**

Wir kommen jetzt zu den Rollenspielen. Bitte suchen Sie sich aus der Liste **M9** eine Situation aus, die Sie angekreuzt haben und gerne üben möchten. Überlegen Sie sich dazu eine konkrete Situation, am besten eine, die Sie schon einmal selbst erlebt haben. Die Situation soll kurz und gut nachzuspielen sein.

> • Eine TeilnehmerIn eine Situation konkret schildern lassen.

> • **Folie VI / 14** (Rollenspiel, S. 127) auflegen

> Welche sozial kompetente Verhaltensweise soll geübt werden?
> Wie sieht die Situation aus? Ort, Zeit, Personen, Handlung?
> Wie sollen sich die MitspielerInnen verhalten? Was sagen und tun sie im Einzelnen?
> Wie soll das sozial kompetente Verhalten konkret aussehen?

> • MitspielerInnen auswählen lassen

- Alle NichtmitspielerInnen werden angewiesen, anhand der Kriterien aus Arbeitsblatt **M10** das Rollenspiel zu beobachten

- Durchführung des Rollenspiels

- Rückmeldung zum Rollenspiel geben

  Zunächst positive Anteile des Verhaltens des Protagonisten hervorheben
  Andere TeilnehmerInnen fragen, was ihnen positiv aufgefallen ist
  Protagonisten eigene Gefühle und Eindrücke schildern lassen
  Erst nach positiver, ermutigender Rückmeldung weitere Veränderungsvorschläge machen oder erfragen
  Auch diese sollen positiv formuliert sein

- **Folie VI / 15 (M10** Kriterien für unsicheres, sicheres und aggressives Verhalten, S. 128) auflegen

- Danach wird das Rollenspiel mit den entsprechenden Veränderungen nochmals durchgeführt und Rückmeldung gegeben

- Möglichst viele TeilnehmerInnen sollten hier üben können, deshalb ist es wichtig, die Rollenspiele zeitlich zu begrenzen

6. Vom Kurs zu den Hausaufgaben

1. Führen Sie das tägliche Stimmungsprotokoll fort (**M2**)
2. Notieren Sie weiterhin die durchgeführten angenehmen Aktivitäten auf Ihrer persönlichen Liste (**M5**). Achten Sie dabei insbesondere auf Aktivitäten mit anderen Menschen.
3. – Notieren Sie auf dem Arbeitsblatt **M9** drei Situationen, in denen Sie selbstsicheres Verhalten üben möchten.
   – Üben Sie die jeweilige Situation zunächst in der Phantasie.
   – Dann führen Sie die Übung in der Realität durch.
   – Belohnen Sie sich für Ihre Bemühungen, auch wenn die Übung nur teilweise gelang!
   – In der nächsten Sitzung werden wir Ihre Erfahrungen besprechen und weitere Rollenspiele durchführen.

Sitzung 7: Kontakte mit anderen Menschen verbessern

Inhalt
– Planung und Stabilisierung sozialer Kontakte – Probleme, die die Freude an sozialen Aktivitäten beeinträchtigen
Gliederung
1. Wiederholung 2. Kontakte mit anderen Menschen verbessern – Neue Leute kennenlernen 3. Kontakte mit Leuten verbessern, die Sie schon kennen 4. Probleme, die unsere Freude an sozialen Aktivitäten beeinträchtigt 5. Vom Kurs zu den Hausaufgaben
Übungen

– Rollenspiele   **(M9, M10)**
– Gruppendiskussion   Was könnten solche Aktivitäten sein?
    Plätze in der Stadt und Umgebung, wo man Leute treffen kann
– Einzelübung   **(M11)**
– Gruppendiskussion   Anregungen zum Umgang mit Schwierigkeiten
– Einzelübung   Soziale Aktivitäten, die Sie erhöhen möchten **(M12)**
    Störende Aktivitäten, die Sie dazu verringern müssen **(M13)**

Materialien
– **M9** (S. 190), **M10** (S. 191), **M11** (S. 194), **M12** (S. 195), **M13** (S. 196), **M8** (S. 197)

1. Wiederholung

– Das tägliche Stimmungsprotokoll (**M2**)
– Ihre persönliche Liste angenehmer Aktivitäten (**M5**) und die täglichen Kontakte mit anderen: Besonders positive Kontaktsituationen / besonders schwierige Kontaktsituationen
– Ihre Erfahrungen mit den Selbstsicherheitsübungen (**M9**)
– Möchte hier jemand eine schwierige Situation nochmals einbringen?

• An dieser Stelle Zeit lassen für die Besprechung der Erfahrungen der TeilnehmerInnen. Diese für die Durchführung der Übungen verstärken. Beispiele aufgreifen – im Rollenspiel durchspielen (**M9**)

• **Folie VII / 1 (M10** Kriterien für unsicheres, sicheres und aggressives Verhalten, S. 129) auflegen

• Die Durchführung weiterer Rollenspiele kann bis zu der Hälfte der heutigen Sitzungszeit einnehmen

2. Kontakte mit anderen Menschen verbessern – Neue Leute kennenlernen

• **Folie VII / 2** (Kontakte mit anderen Menschen verbessern, S. 130) auflegen

a. über gemeinsame Aktivitäten

• **Folie VII / 3** (Neue Leute über gemeinsame Aktivitäten kennenlernen, S. 131) auflegen

Einer der einfachsten Wege, Menschen unverbindlich zu treffen, ist, etwas zu tun, was man gerne tut, und zwar in der Gesellschaft anderer. Wenn Sie etwas tun, was Ihnen Spaß macht, sind Sie wahrscheinlich auch in guter Stimmung, was es wiederum leichter macht, anderen gegenüber aufgeschlossen zu sein.

Weiterhin: Auch wenn Sie dort niemand Besonderen treffen, den Sie gerne besser kennenlernen würden, werden Sie weniger das Gefühl haben, Ihre Zeit zu verschwenden. Da der Schwerpunkt auf der Aktivität liegt, die Ihnen Spaß macht, werden Sie sich weniger unter Druck setzen als in einer Situation, bei der das einzige Ziel ist, andere kennenzulernen.

Schließlich: Wenn Sie Menschen begegnen, die Sie gern näher kennenlernen möchten, finden Sie diese wahrscheinlich bei solchen gemeinsamen Aktivitäten. Mit diesen Leuten haben Sie ja zumindest schon ein gemeinsames Interesse, nämlich die gemeinsame Aktivität, die Sie zusammengebracht hat.

> • Gruppendiskussion: Was könnten solche Aktivitäten sein? Die TeilnehmerInnen können sich hier auch gegenseitig Ideen liefern

Eine kleine Auswahl an Beispielen:

Kegelgruppe, Wandergruppe, Sportverein, Volkshochschulgruppe.
Wenn Sie anderen Menschen gerne helfen, könnten Sie sich überlegen, einer Gruppe freiwilliger Helfer beizutreten.
Wenn Religion ein wichtiger Teil Ihres Lebens ist, könnten Sie z.B. aktiv an Gruppen Ihrer Gemeinde teilnehmen.

b. an geeigneten Orten in der Stadt oder in der Gegend, wo man Menschen begegnen kann

> • Gruppendiskussion: Plätze in der Stadt und Umgebung, wo man Leute treffen kann

3. Kontakte mit Leuten verbessern, die Sie schon kennen

Beispiele:

– Telefonkontakte
– Anderen eine gemeinsame Aktivität vorschlagen. Wir alle freuen uns in der Regel, wenn wir von anderen gefragt werden, etwas Gemeinsames zu unternehmen.

> • **Folie VII / 4 (M11 Übung zur Gruppendiskussion, S. 132) auflegen**
>
> • Zu **M11** (Übung zur Gruppendiskussion) gehen. Jede TeilnehmerIn hat 5 Minuten Zeit, sich Notizen zu machen
>
> • Anschließend Gruppendiskussion mit Anregungen zum Umgang mit möglichen Schwierigkeiten:

Haben Sie Schwierigkeiten, etwas vorzuschlagen, weil Sie vielleicht schüchtern sind oder Angst davor haben, dass die andere Person „nein" sagt?
Wie könnten Sie mit solchen Gefühlen umgehen? (hilfreiche Gedanken, Selbstsicherheitsübungen in der Vorstellung, etc.)

> • Kurzentspannung (siehe Kap. 5)

4. Probleme, die unsere Freude an sozialen Aktivitäten beeinträchtigen

> • **Folie VII / 5** (Probleme, die unsere Freude an sozialen Aktivitäten beeinträchtigen, S. 133) auflegen
>
> • **Folie VII / 6** (der alte Trott, S. 134) auflegen
>
> • Hinweis auf Sitzung 5 geben, in der dieser Punkt bereits bzgl. angenehmer Aktivitäten allgemein besprochen wurde

a. zu viele Verpflichtungen, im „alten Trott" verfangen sein

Damit ist gemeint, dass es Ihnen Ihre bisherige Lebensroutine erschwert, etwas mit Anderen zu unternehmen.

Beispiele:

– Sie sind abends nach der Arbeit müde und schalten nur noch den Fernseher ein
– Sie werden nicht von Freunden eingeladen und bemühen sich auch nicht, diese einzuladen
– Sie arbeiten zu unregelmäßigen Zeiten und können soziale Aktivitäten nur schwer einplanen
– Sie haben eine Aufgabe übernommen, die Ihre gesamte Freizeit in Anspruch nimmt (z.B. Kinderbetreuung)
– Sie lesen den Kulturteil der Zeitung nicht, und wissen deshalb auch nicht, welche Veranstaltungen in Ihrer Umgebung stattfinden

Das Gemeinsame ist, dass Sie all Ihre Energie in Tätigkeiten investieren, die angenehme soziale Aktivitäten erschweren, oder dass Sie nicht gewohnt sind, solche sozialen Aktivitäten im Voraus zu planen. Ein Mangel an befriedigenden sozialen Aktivitäten wirkt sich jedoch wiederum negativ auf Ihre Stimmung aus.

Lösung: Versuchen Sie diese Routine aufzubrechen. Nutzen Sie hierzu einen *Plan zur Steigerung angenehmer sozialer Aktivitäten.*

- **Folie VII / 7** (**M12** Soziale Aktivitäten, die
  Sie erhöhen möchten, S. 135) auflegen

- Arbeitsblatt **M12** ausfüllen lassen (Einzel-
  arbeit)

Erstellen Sie anhand des Arbeitsblattes M12 eine
Liste möglicher angenehmer Aktivitäten mit anderen Menschen, die Sie zur Zeit selten ausführen. Es soll sich dabei um Aktivitäten handeln,
die Sie aus Ihrem Trott reißen könnten! Denken
Sie dabei auch an Aktivitäten, die leicht durchzuführen sind, die nicht teuer sind, die nicht zu viel
(und nicht zu wenig) Zeit in Anspruch nehmen,
und die nicht viel Vorbereitung brauchen.

- **Folie VII / 8** (**M13** Zeitraubende, störende
  Aktivitäten, die Sie dazu verringern müssen, S. 136) auflegen

- Arbeitsblatt **M13** ausfüllen lassen (Einzel-
  arbeit)

Erstellen Sie eine Liste von Tätigkeiten, die Sie
derzeit an sozialen Kontakten mit anderen Menschen hindern. Es sollen solche Tätigkeiten sein,
die Sie derzeit in Ihrem Trott festhalten und die
besonders zeitraubend, unnötig und störend für
Sie sind (zu verringernde Tätigkeiten, **M13**). Sie
müssen spezielle Planungen treffen, um weniger
Zeit dafür aufzuwenden.

- Hinweis auf die Hausaufgaben

Erarbeiten Sie Ziele zur Steigerung sozialer Aktivitäten und zur Verminderung störender Tätigkeiten. Planen Sie Ihre Ziele in kleinen Schritten
(z. B. anfangs Steigerung sozialer Aktivitäten um
1-2 Aktivitäten pro Woche). Ziel ist wiederum,
ein Gleichgewicht zwischen Vergnügen und Verpflichtungen zu finden, das Ihnen gut tut.

b. mangelhafte Belohnung

Sie ist dann gegeben, wenn soziale Kontakte so
wenig angenehm für Sie sind, dass Sie sie nicht
genießen können und deshalb nicht aufsuchen.

- **Folie VII / 9** (Mangelhafte Belohnung, S. 137)
  auflegen

Wenn Sie versuchen, Ihr Verhalten hier zu ändern, ist es wichtig, sich für Ihre Bemühungen –
zumindest anfänglich – selbst zu belohnen! Gründe hierfür sind:
- vielleicht haben Sie anfangs ein paar Misserfolge (z. B. Ihre Einladung wird abgelehnt),
- am Anfang ist zusätzliche Energie notwendig
  (die eingefahrenen Gleise erscheinen zunächst
  einfacher),
- Sie müssen vielleicht einige unangenehme
  Dinge regeln, um die nötige Zeit für soziale
  Aktivitäten zu finden (z. B. Überstunden reduzieren, jemanden bitten, etwas für Sie zu übernehmen, jemandem etwas abschlagen).

Ihre sozialen Kontakte werden in der Regel selbst
zur Belohnung, sobald Sie einmal damit begonnen haben. Wenn dies nicht der Fall ist, und Ihnen
der soziale Kontakt nicht gut tut, finden Sie heraus, woran es liegt:

- Sind Sie zu angespannt? Versuchen Sie es mit
  Entspannung.
- Sind Sie unsicher? Üben Sie soziale Kompetenz.
- Sind die Kontakte aus anderen Gründen nicht
  befriedigend? Versuchen Sie insbesondere
  solche Kontakte aufzubauen und zu steigern,
  die Ihnen gut tun und Belohnungscharakter
  für Sie haben.

5. Vom Kurs zu den Hausaufgaben

1. Setzen Sie Ihr tägliches Stimmungsprotokoll
   fort (**M2**).
2. Beginnen Sie, Ihren Plan zur Steigerung angenehmer sozialer Aktivitäten in der nächsten
   Woche umzusetzen.
- Verwenden Sie dazu Ihre Listen „Soziale Aktivitäten, die Sie erhöhen möchten" (**M12**)
  und „Zeitraubende, störende Aktivitäten ..."
  (**M13**).

- **Folie VII / 10** (**M8** Wochenplan, S. 138) auflegen

- Wochenplan M8 austeilen

- Verwenden Sie den neuen Wochenplan (**M8**)
  zur Planung der Steigerung Ihrer angenehmen
  sozialen Aktivitäten und der Verminderung
  störender Tätigkeiten.
- Überlegen Sie sich ein bis zwei soziale Aktivitäten, die Sie bisher noch nicht oder schon

lange nicht mehr unternommen haben. Tragen Sie diese in Ihren Wochenplan für die kommende Woche ein.

• **Folie VII / 11** (Was Sie beim Wochenplan beachten sollten, S. 139) auflegen

---

– Setzen Sie sich vernünftige Ziele in Form kleiner Schritte
– Belohnen Sie sich für die Durchführung der kleinen Schritte
– Behalten Sie diesen Plan auch über die nächsten Wochen bei und registrieren Sie Ihre Fortschritte!

Sitzung 8: Für die Zukunft planen

Inhalt
– Zusammenfassung der Grundlagen des Kurses – Stabilisierung der Erfolge/ Verankerung des Gelernten – Wichtige Ereignisse und Lebensveränderungen vorausplanen – Lebensziele, Werte, Wertekonflikte – Das Prinzip der Vorbeugung

Gliederung
1. Wiederholung 2. Zusammenfassung der Grundlagen dieses Kurses 3. Stabilisierung Ihrer Erfolge 4. Wichtige Ereignisse und Lebensveränderungen 5. Ein Blick in die Zukunft: Ihre Lebensziele 6. Abschließendes

Übungen

– Einzelübung: Stabilisierung Ihrer Erfolge
– Befragung: Sammeln von Lebensereignissen, die depressive Stimmung begünstigen können
  Beispiele und Lösungsmöglichkeiten zu Wertekonflikten
– Einzelübung: Blick in die Zukunft
  Liste persönlicher Ziele (**M14**)

Materialien
– **M14** (S. 201) – Kuverts von TeilnehmerInnen mit eigener Adresse ausfüllen lassen, um **M14** zu verschicken

1. Wiederholung

– Das tägliche Stimmungsprotokoll
– Der Plan zur Steigerung sozialer Aktivitäten – Ihre Erfahrungen damit

2. Zusammenfassung der Grundlagen dieses Kurses

- **Folie VIII / 1** (Dreieck Gedanken, Gefühle, Handeln, S. 140) auflegen

In diesem Kurs haben wir gelernt, dass Gedanken, Gefühle und Handeln sich gegenseitig beeinflussen:

– Ihre Gedanken beeinflussen Ihre Stimmung
– Ihr Verhalten beeinflusst Ihre Stimmung
– Ihre Kontakte mit anderen Menschen beeinflussen Ihre Stimmung

Denken Sie daran: Es ist schwierig, auf direktem Weg zu beeinflussen, wie Sie sich fühlen. Die im Kurs gelernten Fertigkeiten ermöglichen es Ihnen, über die Wege „Gedanken" und „Handeln" Ihre Stimmung günstig zu beeinflussen.

a. Die Gedanken verändern

- **Folie VIII / 2** (Zusammenfassung: Techniken zur Vermehrung positiver Gedanken, S. 141) auflegen

- **Folie VIII / 3** (Zusammenfassung: Techniken zur Verminderung negativer Gedanken, S. 142) auflegen

– Sie haben Techniken zur Vermehrung positiver und zur Reduzierung negativer Gedanken gelernt.

- **Folie VIII / 4** (ABCD-Methode, S. 143) auflegen

– Sie haben gelernt, mit Hilfe der ABCD-Methode ungünstige bewertende Gedanken in Situationen zu hinterfragen und konstruktive, realistischere Gedanken einzusetzen.

b. Das Handeln verändern

– Sie haben für sich herausgefunden, welche Aktivitäten für Sie angenehm sind.

> • **Folie VIII / 5** (Waage II, S. 144) auflegen

– Sie haben gelernt, angenehme Tätigkeiten in Ihren Alltag einzuplanen und ein ausgewogenes Verhältnis zwischen angenehmen und Pflichtaktivitäten herzustellen.

> • **Folie VIII / 6** (Schritte selbstsicheren Verhaltens, S. 145) auflegen

– Sie haben Fertigkeiten gelernt, sich selbstsicher zu verhalten, so dass soziale Kontakte für Sie langfristig befriedigender werden.

> • **Folie VIII / 7** (Zusammenfassung: Kontakte mit anderen Menschen verbessern, S. 146) auflegen

– Sie haben gelernt, welche Möglichkeiten es gibt, angenehme Kontakte mit anderen Menschen zu verbessern.
– Sie haben einen Plan zur Steigerung angenehmer sozialer Aktivitäten entwickelt und in Ihrem Alltag umgesetzt, um wiederum ein Gleichgewicht zwischen sozialen Kontakten, die Ihnen gut tun, und Ihren Verpflichtungen zu finden.
– Sie haben gelernt, sich für die Schritte Ihrer Bemühungen selbst zu belohnen.

c. Das Gefühl verändern

> • **Folie VIII / 8** (Anspannung reduzieren, S. 147) auflegen

– Durch Entspannungsübungen haben Sie gelernt, wie Sie Anspannung reduzieren und so zu Ihrem Wohlbefinden beitragen können.

3. Stabilisierung Ihrer Erfolge

> • **Folie VIII / 9** (Zeit und Platz für angenehme Aktivitäten, S. 148) auflegen

Räumen Sie den im Kurs gelernten Techniken auch in Ihrem zukünftigen Alltag genügend Platz ein. Überlegen Sie, an welchen Techniken Sie weiterhin noch vertiefter arbeiten möchten.

> • Jede TeilnehmerIn soll sich dazu 5 Minuten Zeit nehmen

4. Wichtige Ereignisse und Lebensveränderungen

Es gibt eine Reihe äußerer Ereignisse oder Veränderungen, die erwiesenermaßen depressive Verstimmungen begünstigen können. Solche stressvollen Ereignisse können z. B. sein:

– soziale Trennungen (durch Tod, Trennung, Kinder verlassen das Elternhaus, Wohnungsumzug, usw.)
– unerwartete körperliche Belastungen oder Erkrankungen
– Neue Verpflichtungen (Heirat, neue Familienmitglieder, usw.)
– Berufliche Veränderungen (Berufswechsel, Ruhestand, Ärger mit Vorgesetzten usw.)
– Finanzielle Veränderungen (Schulden, Rückschläge, Verlust von Eigentum, juristische Probleme, usw.)

Bedeutsame Ereignisse, die nahestehende Personen betreffen, können ebenfalls Auswirkungen auf Sie haben.

Auch allgemein positive Ereignisse können Belastungen verursachen (beruflicher Aufstieg, Heirat, Geburt eines Kindes usw.).

> • TeilnehmerInnen weitere Beispiele sammeln lassen

Viele solcher kritischer Situationen sind vorhersehbar. Planen Sie im Voraus:

> • **Folie VIII / 10** (Planen Sie im Voraus, S. 149) auflegen

– Wie wird das Ereignis mein Leben im Einzelnen beeinflussen? Werde ich dann viel Zeit haben? Wird es zur Trennung von wichtigen Menschen kommen? Werden mir dadurch viele Aktivitäten erschwert, die ich gern unternommen habe?
– Besteht die Wahrscheinlichkeit, dass dieses Ereignis mein seelisches Wohlbefinden stark beeinträchtigt?

– Was kann ich tun, um mich vorzubereiten? Wie kann ich auf Veränderungen reagieren, die durch das Ereignis zustandekommen? Welche der im Kurs gelernten Strategien kann ich einsetzen, um mit Problemen besser umzugehen, die das Ereignis mit sich bringt?

5. Ein Blick in die Zukunft: Ihre Lebensziele

Wissenschaftler, die sich mit psychologischer Anpassung befassen, haben herausgefunden, daß zufriedene Menschen
– die Konsequenzen ihrer Handlungen gut einschätzen können
– die Erreichung ihrer Ziele im Voraus planen

a. Was sind Ihre persönlichen Ziele?

Es ist wichtig, dass wir uns darüber bewusst sind, welche Lebensziele wir haben. Ihre Lebensziele werden von Ihren persönlichen Werthaltungen beeinflusst.

Werthaltungen können besondere Einstellungen sein (z. B. Sport ist gesund), allgemeine Prinzipien, persönliche Leitlinien und tiefe Überzeugungen (z. B. – Gläubige sollten jeden Sonntag zur Kirche gehen, – ich ernähre mich gesund, damit ich länger lebe, – ich glaube an Gott, – die Menschen sind grundsätzlich gut).

Ziele sind konkrete Ergebnisse von dem was wir vorhaben, anstreben, erreichen wollen. Ziele stehen normalerweise im Dienste unserer Werthaltungen.

Beispiel:
Wert: – ich will gesund leben
Ziele: – ich esse viel Gemüse
           – ich treibe regelmäßig Sport
           – ich trinke wenig Alkohol

Sind Ihre Werthaltungen und Ziele miteinander vereinbar?

> • **Folie VIII / 11** (Beispiele: Wertekonflikte, S. 150) auflegen

Wenn unsere persönlichen Werthaltungen miteinander unvereinbar sind, geraten wir in einen *Konflikt*. Dies bedeutet, dass man zwischen zwei gleich guten oder schlechten Alternativen wählen muß. Es gibt keine klare „bessere Wahl". Hier sollten wir eine bewusste Wahl treffen, einer der beiden Werthaltungen Vorrang zu geben. Dies macht es weniger wahrscheinlich, dass wir denken, unseren Prinzipien untreu zu werden.

Beispiel 1:
Wert 1: ich will gesund leben
Wert 2: ich will mein Leben genießen

Es wird viele Situationen geben, in denen diese Werte gut miteinander zu vereinbaren sind oder nebeneinander bestehen können. Aber: diese beiden Werte führen wahrscheinlich zu einem Konflikt, wenn ich eine Nacht durchfeiere, viel Alkohol trinke und am nächsten Tag Kopfweh habe und meine Sportveranstaltung absagen muss.

Beispiel 2:
Wert 1: ich möchte eine gute Hausfrau/ein guter Hausmann sein
Wert 2: ich möchte eine gute Mutter/ein guter Vater sein

Diese beiden Werte führen vielleicht zu einem Konflikt, wenn mein Kind auf den Spielplatz gehen möchte, ich aber die Wohnung für den am Abend bevorstehenden Besuch putzen möchte.

> • TeilnehmerInnen nach weiteren Beispielen fragen, Lösungsmöglichkeiten diskutieren: z. B. zeitlich begrenzt werde ich mich nach Wert 1 richten, Planung und bewusste Wahl der Alternativen, etc.
> • Lösungsmöglichkeiten mit den TeilnehmerInnen sammeln und anschreiben

Ein Weg, um eine getroffene Wahl zu stärken, ist es, soziale Unterstützung von Menschen zu suchen, die die Werte, nach denen Sie leben möchten, unterstützen. Dagegen sollten wir energieraubende Kontakte mit Menschen oder Gruppen meiden, die uns an der Verfolgung wichtiger Ziele hindern.

b. Arten von Zielen

> • **Folie VIII / 12** (Ziele, S. 151) auflegen

Persönliche Ziele: Ziele, die vorrangig mit Ihnen alleine zu tun haben.
Zwischenmenschliche Ziele: Ziele, die mit Ihrer Beziehung zu anderen zu tun haben.
Kurzfristige Ziele: Solche Ziele, die z. Zt. anstehen, die Sie auf eine „zu-tun"-Liste setzen können.

Langfristige Ziele: Wo würden Sie bezüglich Ihrer persönlichen und zwischenmenschlichen Ziele gern stehen – in 3 oder in 10 Jahren von heute an?

> • Kurzentspannung (siehe Kap. 5)
>
> • Die Entspannungsübung soll auf die folgende Übung (ein Blick in die Zukunft) vorbereiten
>
> • Direkt anschließend: Jeder TeilnehmerInnen soll sich 5 Minuten Zeit nehmen und entsprechend der folgenden Übung (ein Blick in die Zukunft) Notizen machen
>
> • **Folie VIII / 13** (Übung: ein Blick in die Zukunft, S. 152) **auflegen**

– Wenn Sie in Gedanken in die Zukunft blicken, 10 Jahre von heute an – Was möchten Sie gerne erreicht haben?
– Stellen Sie sich den Weg vor, den Sie in den 10 Jahren gehen werden! Wo möchten Sie in 3 Jahren stehen, wo in 5 Jahren?
– Wenn Sie von dort wiederum 10 Jahre zurückblicken, d. h. auf die Zeit, die nun vor Ihnen liegt: Woran würden Sie sich gerne erinnern?

Mit der ersten Frage können Sie Zukunftspläne erstellen. Die zweite Frage dient zur mittelfristigen und die letzte Frage zur gegenwärtigen Planung. Denken Sie daran: Wenn Sie heute befriedigende Aktivitäten unternehmen, schaffen Sie sich angenehme Erinnerungen für spätere Zeiten.

Um Ihre Zukunftspläne verwirklichen zu können, sollten Sie heute bereits Schritt für Schritt Voraussetzungen schaffen, die es ermöglichen, Ihren Zielen näher zu kommen.

c. Die Liste Ihrer persönlichen Ziele

> • **Folie VIII / 14** (M14 Lebensziele / Zukunftsplan, S. 153) **auflegen**

– Ziele, die Sie schon erreicht haben.
– Ziele, an denen Sie noch weiterarbeiten möchten. Überlegen Sie, was Sie brauchen, um sich in die gewünschte Richtung zu verändern.

> • TeilnehmerInnen Arbeitsblatt **M14** ausfüllen lassen und besprechen

6. Abschließendes

> • **Folie VIII / 15** (Vorbeugen, S. 154) **auflegen**

Vorbeugen ist besser als Nachsorge:

– Machen Sie sich vorbeugend Gedanken darüber, was im positiven Sinn zu Ihrem seelischen Wohlbefinden beiträgt.
– Lernen Sie Höhepunkte in Ihrem Leben wahrzunehmen und sie bewusst zu erleben.
– Versuchen Sie, Veränderungen in Ihrem Leben auch als Gelegenheit zu persönlichem Wachstum zu sehen.
– Planen Sie bewusst angenehme Tätigkeiten in Ihren Alltag ein und behalten Sie diese auch in Krisensituationen bei, um ernsthaften Verstimmungen vorzubeugen.
– Warten Sie nicht, bis Sie sich schlecht fühlen, um dann erst Gegenmaßnahmen zu treffen.

Wir wünschen Ihnen auf diesem Weg viel Erfolg und alles Gute!

> • Blitzlicht: Jede TeilnehmerIn wird gebeten, eine kurze Rückmeldung zum Kurs abzugeben

Was hat Ihnen gefallen, was weniger und wie geht es Ihnen im Moment?

> • Verabschiedung
>
> • Gegebenenfalls Rückmeldebogen ausfüllen lassen
>
> • Anregung: Zum Abschluss kann Arbeitsblatt **M14** eingesammelt und dieses den TeilnehmerInnen nach ca. drei Monaten zugesendet werden. So können diese überprüfen, inwieweit sie ihren Zielen bereits einen Schritt näher gekommen sind.

Kapitel 4:

Folien

I/1

Woran erkenne ich depressive Verstimmungen?

1. Sich niedergeschlagen, traurig, bedrückt oder gereizt fühlen

2. Kein Interesse oder Freude mehr verspüren können

3. Sich dauernd erschöpft und antriebslos fühlen

4. Sich nicht mehr konzentrieren können

5. Keinen Appetit haben

6. Schlafstörungen

7. Sich wertlos oder schuldig fühlen, das Gefühl haben, dass man bestraft werden sollte

8. Sich durch zu viele Verantwortlichkeiten überlastet fühlen

9. Körperliche Symptome, wie Schmerzen, u. a.

I/2

Die Soziale Lerntheorie

- Menschen **lernen**, auf eine **bestimmte Art zu denken, zu fühlen und zu handeln.**

- Diese menschlichen Fähigkeiten **beeinflussen sich ständig gegenseitig.**

- Indem wir lernen, **welche** Gedanken und Handlungen unsere Gefühle beeinflussen, können wir auch mehr Kontrolle über unsere Gefühle bekommen.

- Um zu lernen, **wie** wir Gedanken und Verhalten **verändern** können, müssen wir lernen, was **vor, während** und **nach** dem Verhalten passiert.

I/3

Gefühle, Gedanken und Handeln beeinflussen sich gegenseitig

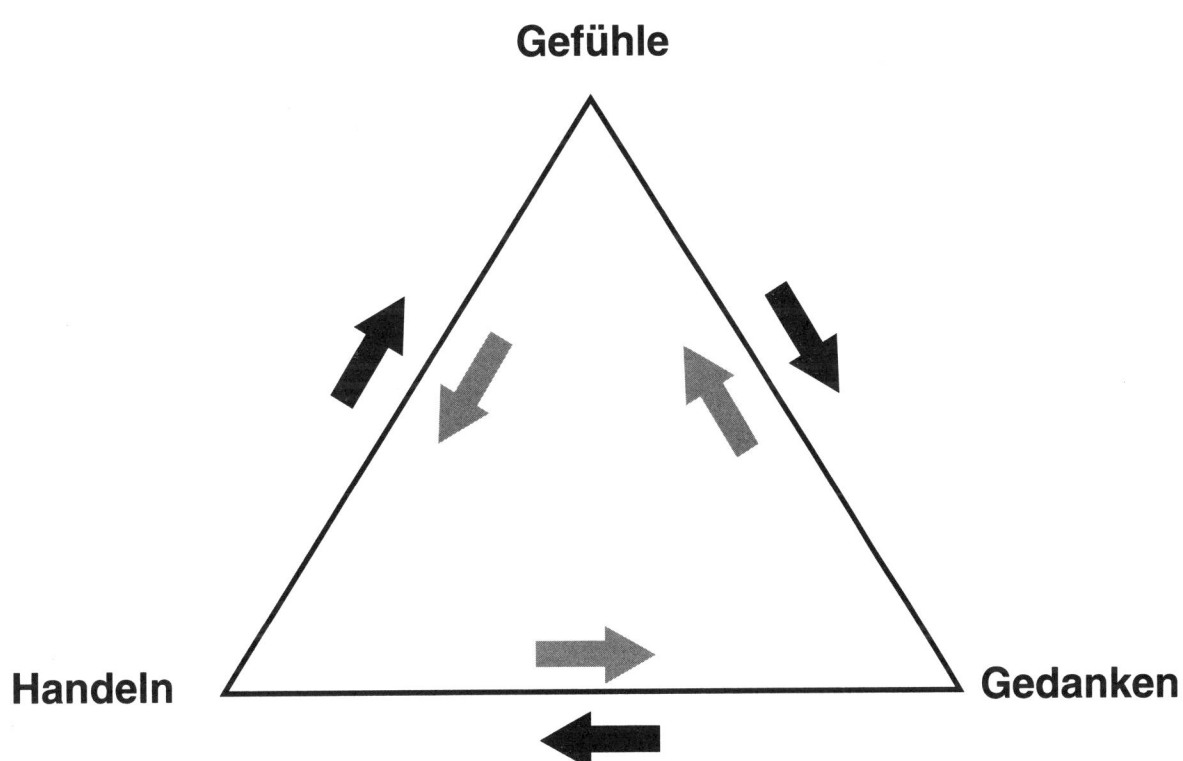

I/4

I/5

Um zu lernen, wie wir Gedanken und Verhalten verändern, müssen wir lernen

---

1. Was kommt **vor** dem Verhalten?

2. Was kommt **nach** dem Verhalten?

3. Was passiert **während** des Verhaltens?

I/6

| **M 1** | **Verhaltensanalyse** |

Ganz konkret:

... um Gedanken und Verhalten zu verändern:

Bisher:	**Mögliche Veränderungen:**
1. Was geht meinem Verhalten **voraus?**	z. B. – planen, – jemandem sagen, was ich tun werde?
2. Was passiert **während** des Verhaltens?	z. B. – mir sagen, wie gut ich es mache, – mich daran erinnern, weshalb ich es tue – mir vorstellen, was ich erreiche, wenn ich an der Sache bleibe?
3. Was **folgt** auf mein Verhalten?	z. B. – mich selbst belohnen, – mit anderen darüber reden, wie es mir geht?

I/7

Hilfreiche Selbstkontrollstrategien

- Sich selbst **belohnen**, wenn man etwas tut, was man sich vorgenommen hat

- **Schritt-für-Schritt**-Veränderung: Sich kleine überschaubare Ziele setzen

- Lernen durch **Beobachtung**, wie andere mit Situationen umgehen

- **Im Auge behalten**, was man tut und wie man sich dabei fühlt

- Seine **Pläne aufschreiben:** Was man verändern möchte, und wie man sich für die Durchführung belohnen möchte

I/8

M 2 Stimmungsprotokoll

Beurteilen Sie täglich Ihre Stimmung und tragen Sie einen Wert von 1 bis 6 hinter dem Datum ein!

Werte: 1 sehr gute Stimmung
2 gute Stimmung
3 mittelmäßige Stimmung
4 weniger gute Stimmung
5 schlechte Stimmung
6 sehr schlechte Stimmung

Bringen Sie das Stimmungsprotokoll zur nächsten Sitzung wieder mit.

	Datum und Wochentag	Wert
1		
2		
3		
4		
5		
6		
7		
8		
9		
10		
11		
12		
13		
14		

Aus: Hautzinger: Depressionen im Alter (2000).

I/9

M3   Liste angenehmer Tätigkeiten

	H	A
1. Einen Ausflug ins Grüne machen	1	2
2. Ins Kino gehen	0	2
3. Ins Theater gehen	0	0
4. In ein Konzert gehen	1	1
5. In die Oper gehen	0	1
6. Ins Kabarett gehen	1	1
7. Einen Stadtbummel machen	2	1
8. In den Zirkus / Zoo / Tierpark gehen	0	2
9. Einen Vergnügungspark besuchen	1	1
10. Zu Gerichtsverhandlungen gehen	0	0
11. Zu einer Familienfeier gehen	0	1
12. Zu einem öffentlichen Fest gehen (Weinfest, Straßenfest, usw.)	2	2
13. Ins Cafe / ein Eis essen gehen	2	1
14. In die Kneipe gehen	1	1
15. Auf einen Flohmarkt gehen	0	2
16. Zu Vorträgen gehen	1	1
17. An einer Tagung teilnehmen	0	0
18. Ein Museum oder eine Ausstellung besuchen	0	2
19. Zu einer Sportveranstaltung gehen	1	2
20. An einer Sportveranstaltung teilnehmen	1	2
21. In einer Mannschaft spielen	0	2
22. Spazierengehen	2	1
23. Wandern	0	2
24. Fußball spielen	0	0
25. Volleyball / Basketball / Handball spielen	0	0
26. Ins Hallenbad / Freibad gehen	1	2
27. Ins Thermalbad gehen	0	2

Aus: Hautzinger: Depressionen im Alter (2000).

II/1

M 2   Stimmungsprotokoll

Beurteilen Sie täglich Ihre Stimmung und tragen Sie einen Wert von 1 bis 6 hinter dem Datum ein!

Werte: 1   sehr gute Stimmung
            2   gute Stimmung
            3   mittelmäßige Stimmung
            4   weniger gute Stimmung
            5   schlechte Stimmung
            6   sehr schlechte Stimmung

Bringen Sie das Stimmungsprotokoll zur nächsten Sitzung wieder mit.

	Datum und Wochentag	Wert
1		
2		
3		
4		
5		
6		
7		
8		
9		
10		
11		
12		
13		
14		

Aus: Hautzinger: Depressionen im Alter (2000).

II/2

Gefühle, Gedanken und Handeln beeinflussen sich gegenseitig

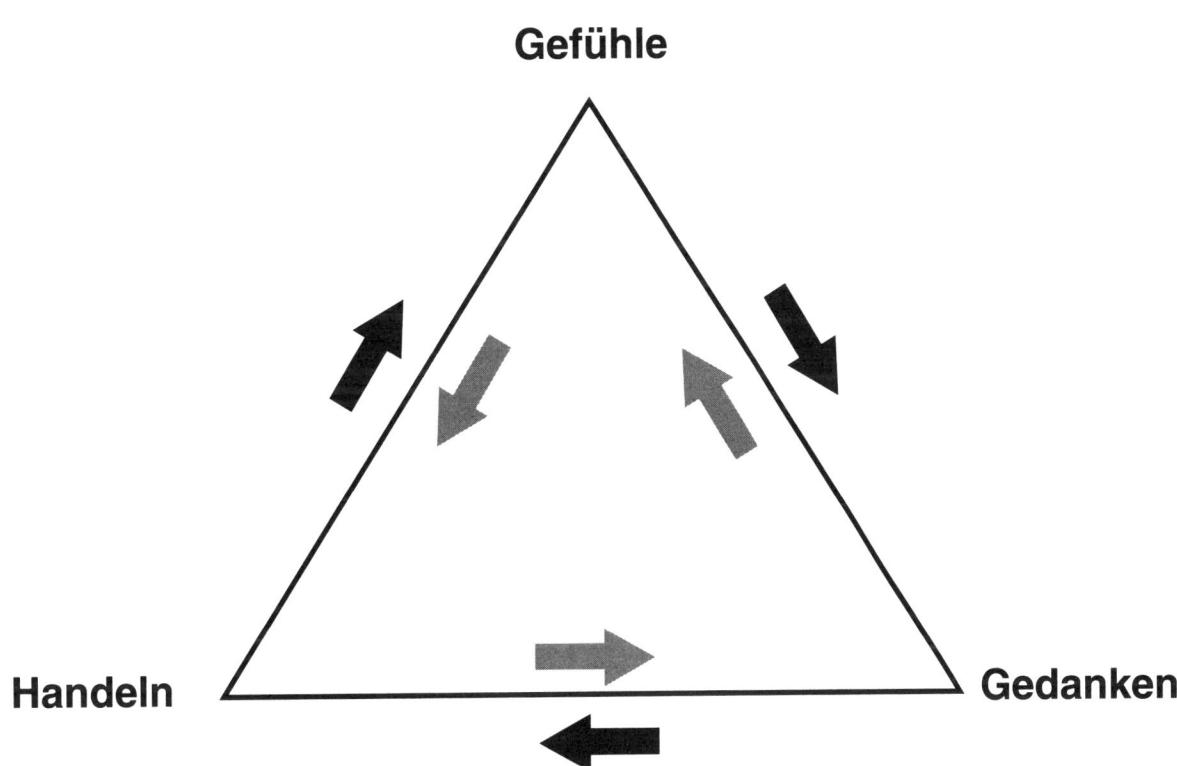

II/3

Verschiedene Arten von Gedanken

- **Konstruktives** versus **Destruktives** Denken

  Konstruktives Denken baut auf

  Destruktives Denken ist zerstörerisch

- **Notwendiges** versus **Unnötiges** Denken

  Notwendiges Denken hilft zu tun, was Sie tun müssen

  Unnötiges Denken verändert überhaupt nichts (ganz gleich, wie viel Sie denken)

- **Positives** versus **Negatives** Denken

  Positives Denken hilft, sich besser zu fühlen

  Negatives Denken lässt Sie sich schlechter fühlen

II/4

Typische Denkfehler, die wir machen, wenn wir uns depressiv fühlen

---

- **Übertreibungen:** „Das ist eine Katastrophe", „Das schaffe ich nie"

- **Negative Verallgemeinerungen:** „Keiner liebt mich", „Nie gelingt mir etwas"

- **Das Positive ignorieren:** Nur negative Ereignisse einprägen

- **Pessimismus:** „Wahrscheinlich geht eh alles schief"

- **Selbstvorwürfe:** „Ich bin schuld", „Ich bin ein Trottel"

- **Eigene Anstrengung nicht würdigen:** „Das ging nur gut, weil ich Glück hatte"

Typische Denkfehler beinhalten Selbstzweifel, Abwertungen der eigenen Person und eine negative Sicht der Lebenssituation und der Zukunft.

Sie laufen häufig automatisch ab und sind unangemessen, aber erscheinen uns als wahr, wenn wir uns depressiv fühlen.

II/5

Positive Gedanken

- Das Leben ist interessant.

- Ich fühle mich gut.

- Das macht mir Spaß.

- Ich habe Zukunftspläne.

- Ich finde vieles interessant.

- Ein netter Abend mit Freunden macht Spaß.

- Ich habe viel Zeit für schöne Dinge.

- Ich mag die Menschen.

- Ich bin glücklich.

- Das ist lustig.

- Das möchte ich nicht verpassen.

- Das habe ich gut gemacht.

- Ich bin O.K.

Aus: Hautzinger: Depressionen im Alter (2000).

II/6

Negative Gedanken

- Ich bin durcheinander.

- Alle Menschen sind rücksichtslos.

- Mein Leben ist sinnlos.

- Ich fürchte mich.

- Keiner mag mich.

- Am Ende werde ich ganz alleine dastehen.

- Freundschaft bedeutet den Menschen nichts mehr.

- Das bringt ja doch alles nichts.

- Ich komme zu kurz.

- Wer mich für nett hält, kennt mich nicht richtig.

- Ich bin hässlich.

- Ich kann meine Gefühle nicht ausdrücken.

- Ich tauge nichts.

- Ich bin an allem schuld.

- Ich habe nicht genug Willenskraft.

- Wozu soll ich überhaupt noch aufstehen?

- Die Dinge werden einfach immer schlimmer.

- Ich bin nicht so gut wie die anderen.

Aus: Hautzinger: Depressionen im Alter (2000).

II/7 (Übersicht)

Techniken zur Steigerung positiver Gedanken

● **Pumptechnik**

Sich positive Gedanken „einpumpen"

● **Signaltechnik**

Immer wenn Sie einen solchen Aufkleber sehen, denken Sie
etwas Positives!

● **Selbstbelohnung**

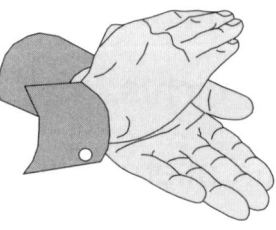

„Das habe ich gut gemacht!"

II/8

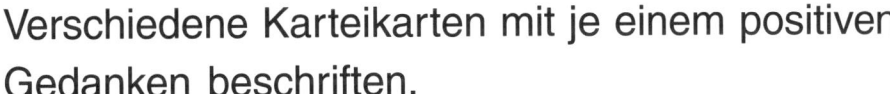

Steigerung positiver Gedanken: Pumptechnik

Sich positive Gedanken „einpumpen" !

Verschiedene Karteikarten mit je einem positiven
Gedanken beschriften.

Über den Tag hinweg immer wieder eine Karte ziehen und den
Gedanken aufmerksam lesen, um sich zu erinnern, dass Sie
gute und nette Eigenschaften haben, und dass es schöne
Dinge im Leben gibt.

Wenn Ihnen neue positive Gedanken einfallen, notieren Sie
diese auf weiteren Karten.

In den Stapel auch leere Karten mischen.

Immer wenn Sie eine leere Karte ziehen, lassen Sie sich
schnell etwas Positives einfallen!

II/9

Steigerung positiver Gedanken: Signal-Technik

Koppeln Sie positive Gedanken über sich und Ihr Leben an Tätigkeiten, die Sie häufig durchführen.

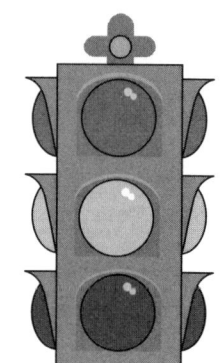

So werden z. B. Zähneputzen, in den Spiegel schauen, ins Auto steigen usw. zum Signal, etwas Positives zu denken.

Verwenden Sie auch bunte Aufkleber, die Sie an verschiedenen Stellen positionieren, an denen Sie häufig vorbeikommen.

Immer wenn Sie einen solchen Aufkleber sehen, denken Sie etwas Positives!

II/10

Steigerung positiver Gedanken: Selbstbelohnung

Machen Sie sich selbst Komplimente für die Dinge, die Sie gut gemacht haben

Erkennen Sie Ihre Leistungen und Ihre Anstrengungen an

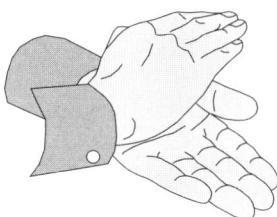

Klopfen Sie sich dafür auf die Schulter

Gedankliche Selbstbelohnung kann sein:

„Das habe ich gut gemacht!"

„Ich bin eine gute Mutter oder ein guter Vater, ich sorge wirklich gut für meine Kinder"

„Ich lerne, mein Leben besser zu steuern"

II/11 (Übersicht)

Techniken zur Verminderung negativer Gedanken

- **Gedankenunterbrechung**
  Unterbrechen Sie den negativen Gedanken mit dem
  Wort: **STOP!**

- **Sorgenstunde**
  Richten Sie sich bewusst eine Zeit ein, in der Sie dem
  Problem, das Sie belastet, Ihre volle Aufmerksamkeit
  widmen. ⇒ Lösungsschritte festhalten!

- **Aufblasetechnik**
  Blasen Sie einen negativen Gedanken so weit auf, dass er
  lächerlich wirkt.

- **Das Schlimmste, was passieren könnte**
  Überlegen Sie realistisch: Was würde wirklich
  schlimmstenfalls passieren?

- **Zeitverschiebung**
  Wie sieht es in 10 Jahren aus?

II/12

Verminderung negativer Gedanken: Gedankenunterbrechung

Unterbrechen Sie den negativen Gedanken mit dem Wort: **STOP!**

Richten Sie dann Ihre Aufmerksamkeit bewusst auf einen positiven Gedanken.

Oder sagen Sie sich:

„Dieser Gedanke ruiniert meine Stimmung. Ich werde jetzt an etwas anderes denken".

Oder (bei „notwendigen" Gedanken):

Schreiben Sie den Gedanken auf und nehmen Sie sich vor, zu einer späteren (geplanten!) Zeit darüber nachzudenken.

II/13

Verminderung negativer Gedanken: Die Sorgenstunde

Notwendige Gedanken kann man nicht einfach ignorieren.

Aber: Ständig über ein Problem zu grübeln, führt in der Regel nicht zur Lösung!

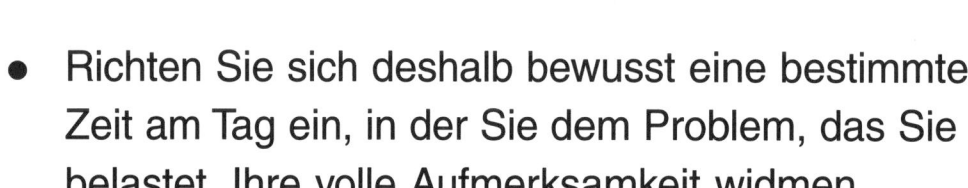

- Richten Sie sich deshalb bewusst eine bestimmte Zeit am Tag ein, in der Sie dem Problem, das Sie belastet, Ihre volle Aufmerksamkeit widmen

- Wählen Sie dafür einen ruhigen Ort und legen Sie einen bestimmten Zeitraum fest (**maximal 30 Minuten!**)

- Tun Sie nichts anderes während dieser Zeit, sondern konzentrieren Sie sich auf das Problem, und versuchen Sie, eine Lösung zu finden

- Zu jeder anderen Tageszeit wenden Sie die „Gedankenunterbrechung" an

II/14

Verminderung negativer Gedanken: Die „Aufblasetechnik"

- Übertreiben Sie einen beunruhigenden negativen Gedanken so weit („blasen Sie ihn auf"), dass er lächerlich wirkt.

- Wenn Sie sich z.B. ohne guten Grund ständig darüber sorgen, kein guter Mensch zu sein, könnten Sie sich vorstellen, dass Ihr Bild in der Zeitung erscheint mit der Unterschrift: „Dies ist ein schlechter Mensch"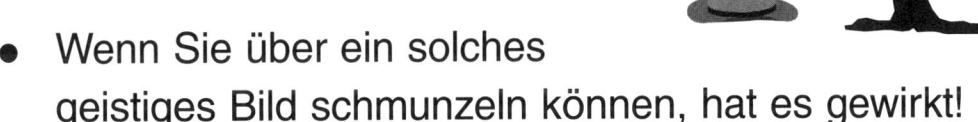

- Wenn Sie über ein solches geistiges Bild schmunzeln können, hat es gewirkt!

Beachten Sie: Wenden Sie diese Technik nicht bei Sorgen um Dinge an, die tatsächlich so schlimm werden könnten, wie Sie sich nur vorstellen können.

II/15

Verminderung negativer Gedanken: „Das Schlimmste, was passieren könnte"

Überlegen Sie **realistisch**:
Was würde wirklich schlimmstenfalls passieren, wenn meine Befürchtungen wahrwerden?

Beispiel: Sie haben große Angst davor, einen bestimmten Geschäftstermin nicht einhalten zu können

Sie können sich sagen:

Das wäre dumm

Jemand könnte eine Zeitlang über mich verärgert sein

Aber ist es deshalb eine Katastrophe?
Werde ich deshalb entlassen?

Werde ich in 10 Jahren noch über dieses Ereignis nachdenken?

Nein: Warum soll ich mich deshalb so beunruhigen?

Solche realistischen Gedanken helfen, wieder ruhiger zu werden – und sich besser auf die Vorbereitung konzentrieren zu können!

II/16

Verminderung negativer Gedanken: Die „Zeitverschiebung"

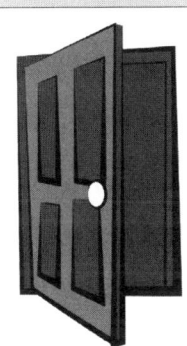

- Gedanklich den dunklen Vorhang öffnen, und uns in die Zukunft versetzen, in der die Dinge wieder besser sein werden

- Auch wenn bestimmte Erinnerungen für uns noch mit Schmerz verbunden sind, lässt der Schmerz doch über die Zeit nach

- Die Zeitperspektive akzeptiert gegenwärtigen Schmerz und gibt den Blick frei auf eine befriedigendere Zukunft

III/1

Überzeugungen („Glaubenssätze"), die uns unglücklich machen können

- Man muss von jedem wichtigen Menschen geliebt werden und Zustimmung bekommen

- Wenn jemand sich schlecht oder unfair benimmt, dann sollte man ihn dafür tadeln oder bestrafen. Denn er ist ein schlechter oder verdorbener Mensch

- Es ist schlimm, wenn die Dinge nicht so sind, wie man sie gerne hätte

- Man sollte sich über Ereignisse, die ungewiss oder möglicherweise gefährlich sind, ständig große Sorgen machen

- Man ist wertlos, wenn man nicht in jeder Hinsicht kompetent und erfolgreich und jeder Situation stets gewachsen ist

- Für jedes menschliche Problem gibt es nur eine richtige und perfekte Lösung, und es ist schlimm, wenn man diese Lösung nicht findet

- Es ist einfacher, Schwierigkeiten und Verantwortungen aus dem Weg zu gehen, als sich mit ihnen auseinanderzusetzen

- Man braucht jemand, der stärker ist, auf den man sich stützen und verlassen kann

- Unglücklichsein hat äußere Ursachen, man hat deshalb wenig Einfluss auf seinen Kummer und seine Probleme

- Man sollte sich über die Probleme und Schwierigkeiten anderer Menschen ständig aufregen

- Die Ursache von Problemen liegen in der eigenen Vergangenheit. Diese wird auch einen starken Einfluss auf meine Zukunft haben

III/2

Ein Ansatz für konstruktives Denken: Die A-B-C-D Methode

Geeignet für Menschen, die dazu neigen, auf unerfreuliche Ereignisse oder Schwierigkeiten übermäßig negativ zu reagieren.

A ist das **A**uslösende Ereignis

B ist die **B**ewertung des Ereignisses
(was Sie sich selbst über das Ereignis sagen)

C ist die gefühlsmäßige **C**onsequenz
(Folge, Auswirkung)

D ist die Art und Weise, wie Sie mit Ihren Bewertungen konstruktiv **D**iskutieren sollten

III/3

Beispiel

A

Jemand sagt,
dass die Suppe versalzen ist,
die Sie gekocht haben

C

Sie beginnen, sich schrecklich
zu fühlen – und der Rest
des Abends ist ruiniert

B

Welche gedankliche Bewertung spielt hier herein,
die dazu führt, dass Sie sich so schrecklich fühlen ? ?

Das, was die Person sagt, kann es nicht sein.
Es muss etwas sein, was Sie sich **zusätzlich** in dieser
Situation sagen.

Was könnten solche ungünstigen Gedanken sein?

III/4

Ungünstige Gedanken

„Es ist schrecklich, dass die Person die Suppe nicht mag"

„Es ist absolut notwendig, dass ich von dieser
Person anerkannt werde, die das gesagt hat"

„Ich sollte niemals einen Fehler machen"

„Ich muss in jeder Hinsicht erfolgreich sein, um ein
wertvoller Mensch zu sein"

„Dass ich mich so unglücklich fühle, ist durch die
versalzene Suppe verursacht"

„Ich bin meinen Gefühlen ausgeliefert, und habe keine Kontrolle
darüber, wie ich mich den Rest des Abends fühlen werde"

III/5

Hinweise auf nicht-konstruktive Bewertungen/Selbstgespräche

1. Stark bewertende Wörter: „Ich sollte, ich muss, ich müsste ...“

2. Katastrophenwörter: „Es ist schrecklich, furchtbar ...“

3. Starke Verallgemeinerungen: „Ich werde nie ..., keiner wird mich jemals ...“

III/6

Mögliche Diskussion

! Argumentieren Sie gegen die negativ bewertenden Gedanken. Argumentieren Sie gegen „sollte" und „müsste" Gedanken: „Warum sollte ich ...?"

! Hinterfragen Sie Wörter wie „fürchterlich" und „schrecklich":
„Es wäre schön gewesen, wenn ..., aber ist es wirklich so schrecklich ...?"

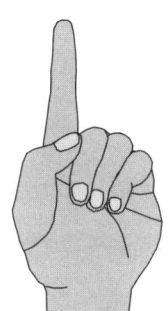

! Stellen Sie zu starke Verallgemeinerungen in Frage: „Nur weil es diesmal so war ... bedeutet das, dass es immer so sein muss?"

III/7

D (Suppenbeispiel)

❗ „Es ist keine absolute Notwendigkeit, dass diese Person mein Kochen anerkennt"

❗ „Auch wenn ich kein guter Koch bin, bedeutet das nicht, dass ich kein wertvoller Mensch bin. Außerdem: nur weil diese Suppe versalzen ist, heißt das noch lange nicht, dass ich kein guter Koch bin. Jeder macht mal einen Fehler"

❗ „Es wäre schön gewesen, wenn die Suppe nicht versalzen wäre. Aber es ist nicht schrecklich und keine Katastrophe, dass sie versalzen ist"

❗ „Die Suppe ist versalzen, das ist eine Tatsache. Ob ich mich gut oder schlecht fühle, hängt davon ab, was ich mir darüber sage. Wenn ich mir sage, dass dies eine Kleinigkeit ist, die wir nächste Woche schon vergessen haben, kann ich den Rest des Abends genießen"

III/8

M 4	Die A-B-C-D Methode

A
Auslösendes
Ereignis

B
Bewertender
Gedanke

C
Gefühl

gleiches Ereignis
wie oben

D
neue konstruktive
Gedanken

E
neues Gefühl

III/9

Anna ☺ und Bert ☹

Schritt 1: „Soll ich die Stellenanzeigen lesen?"

☹　　　„Es hat keinen Sinn, wahrscheinlich gibt es eh keine Jobs"

☺　　　„Ich kann es zumindest versuchen"

➜　　　Wenn es einen Job gibt, so hat Anna eine Chance, ihn zu finden. Bert hat überhaupt keine Chance, solange er die Stellenanzeigen nicht liest.

Schritt 2: „Soll ich die Nummer aus der Anzeige anrufen?"

☹　　　„Ich entspreche nicht ganz den Anforderungen "

☺　　　„Nicht ganz, aber ziemlich. Lass die dann entscheiden"

➜　　　Wenn es eine Chance gibt, den Job zu bekommen, so ist Annas Chance größer, wenn sie anruft

Schritt 3: „Soll ich zu einem Vorstellungsgespräch gehen?"

☹　　　„Ich werde sowieso wieder abgewiesen"

☺　　　„Es ist unklar, ob sie mich nehmen werden, aber zumindest bekomme ich dadurch Übung für weitere Vorstellungsgespräche"

➜　　　Anna bekommt Übung. Wenn der Job nicht genau auf sie passt, gibt es dort vielleicht einen anderen für sie. Wenn sie den Anforderungen entspricht, kann sie den Job bekommen

IV/1

Gefühle, Gedanken und Handeln beeinflussen sich gegenseitig

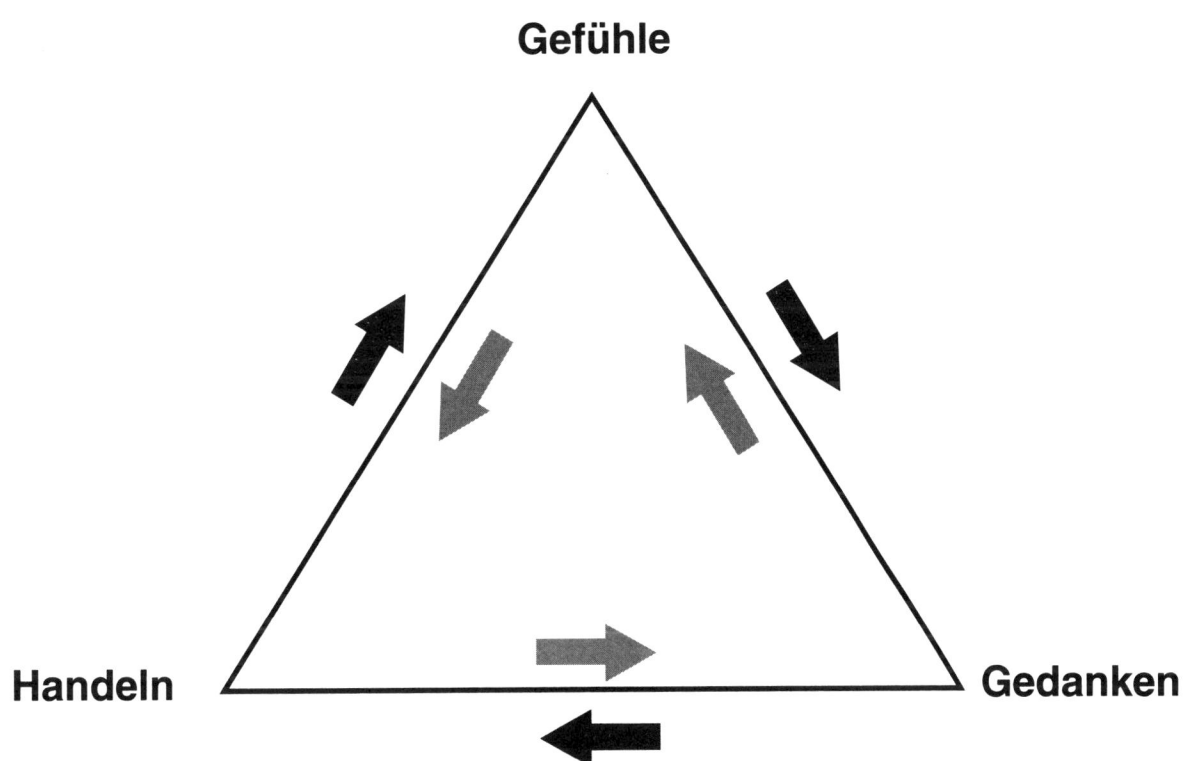

IV/2

Die depressive Spirale

1. Sie fühlen sich niedergeschlagen und haben keine Lust, etwas zu tun

2. Sie haben im Alltag keine positiven Erlebnisse

3. Ihre Stimmung wird schlechter, und Sie tun nur noch das Nötigste

4. Sie haben überhaupt nichts mehr, an dem Sie sich freuen können

5. Ihre Stimmung ist auf dem Nullpunkt, und Ihnen ist alles zuviel

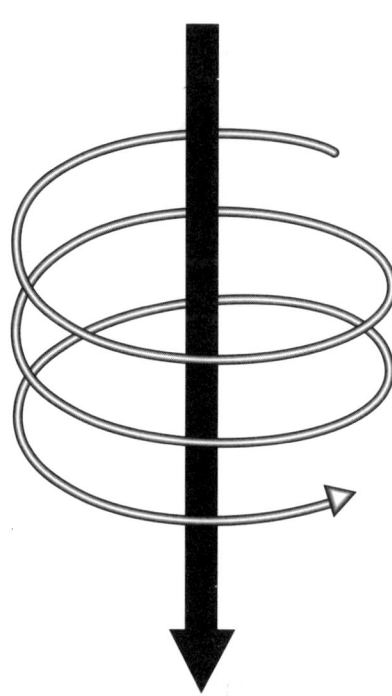

Aus: Hautzinger: Depressionen im Alter (2000).

IV/3

Die positive Spirale

5. Ihre Stimmung wird immer besser, und Sie planen weitere Unternehmungen, die Ihnen Freude machen

4. Heute tun Sie außer Ihren Pflichten noch etwas, was Ihnen Spaß macht

3. Sie freuen sich über Ihren Erfolg und Ihre Laune wird besser

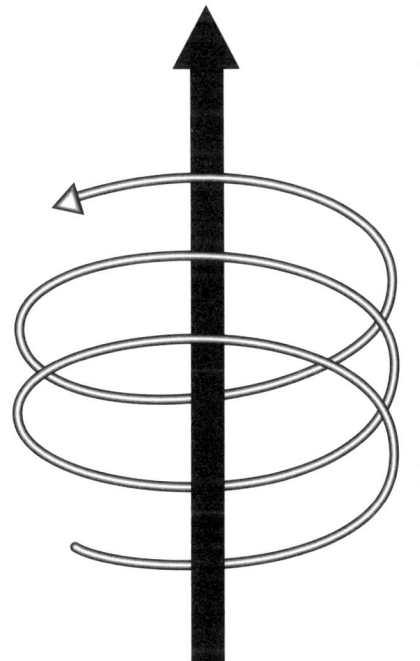

2. Sie raffen sich auf und machen das, was Sie schon lange tun wollten

1. Ihre Stimmung ist auf dem Nullpunkt, und Ihnen ist alles zuviel

Aus: Hautzinger: Depressionen im Alter (2000).

IV/4

Beispiele angenehmer Tätigkeiten/Ereignisse

- allein sein

- Fernsehen

- jemandem helfen

- die Natur betrachten

- tagträumen

- einen Brief schreiben

- küssen

- einkaufen gehen

- etwas Neues lernen

IV/5

M3   Liste angenehmer Tätigkeiten

	H	A
1. Einen Ausflug ins Grüne machen	1	2
2. Ins Kino gehen	0	2
3. Ins Theater gehen	0	0
4. In ein Konzert gehen	1	1
5. In die Oper gehen	0	1
6. Ins Kabarett gehen	1	1
7. Einen Stadtbummel machen	2	1
8. In den Zirkus / Zoo / Tierpark gehen	0	2
9. Einen Vergnügungspark besuchen	1	1
10. Zu Gerichtsverhandlungen gehen	0	0
11. Zu einer Familienfeier gehen	0	1
12. Zu einem öffentlichen Fest gehen (Weinfest, Straßenfest, usw.)	2	2
13. Ins Cafe / ein Eis essen gehen	2	1
14. In die Kneipe gehen	1	1
15. Auf einen Flohmarkt gehen	0	2
16. Zu Vorträgen gehen	1	1
17. An einer Tagung teilnehmen	0	0
18. Ein Museum oder eine Ausstellung besuchen	0	2
19. Zu einer Sportveranstaltung gehen	1	2
20. An einer Sportveranstaltung teilnehmen	1	2
21. In einer Mannschaft spielen	0	2
22. Spazierengehen	2	1
23. Wandern	0	2
24. Fußball spielen	0	0
25. Volleyball / Basketball / Handball spielen	0	0
26. Ins Hallenbad / Freibad gehen	1	2
27. Ins Thermalbad gehen	0	2

Aus: Hautzinger: Depressionen im Alter (2000).

IV/6

Durchschnittswerte angenehmer Tätigkeiten

Durchschnittswerte		
Altersgruppe	**Mittlerer Häufigkeitswert**	**Mittlerer Angenehmheitswert**
20–39	0.63–1.03	0.86–1.26
40–59	0.57–0.97	0.82–1.22
60 und älter	0.50–0.90	0.78–1.18

IV/7

Häufigkeit und Angenehmheit

Füllen Sie die Zeilen 1– 20 der Reihe nach mit Tätigkeiten, die in der Liste in Spalte **H** und **A** folgende Werte haben:

1. **H**   eine **2**   und   **A**   eine **2**

2. **H**   eine **1**   und   **A**   eine **2**

3. **H**   eine **0**   und   **A**   eine **2**

Wenn die Spalten 1 – 20 noch nicht voll sind, füllen Sie sie mit Tätigkeiten auf, bei denen

4. **H**   eine **2**   und   **A**   eine **1**

5. **H**   eine **1**   und   **A**   eine **1**   hat.

Die letzten 10 Zeilen füllen Sie mit 10 angenehmen Tätigkeiten aus, die nicht in der Liste sind, von denen Sie aber wissen, dass Sie sie gerne tun.

IV/8

M5 Persönliche Liste angenehmer Tätigkeiten

Tätigkeiten	Tage 1–28 Wochentage	1 Fr	2 Sa	3 So	4	5	6	7	8	9	10	11	12	13	14	15	16	17	18	19	20	21	22	23	24	25	26	27	28
1. Wandern gehen		✔																											
2. Ins Freibad gehen																													
3. Radio hören		✔	✔	✔																									
4. Barfuß laufen		✔																											
5. Einen Krimi lesen				✔																									
6. Im Hobbykeller arbeiten																													
7. Fotos sortieren				✔																									
8. In der Sonne sitzen		✔																											
9. Das Auto waschen																													
10. Eine Fremdsprache lernen			✔																										
Zwischensumme		4	2	3																									

Aus: Herrle & Kühner: Depression bewältigen (1994).

V/1

Zu viele Pflichten

In Ihrem Alltag überwiegen **Pflicht-Tätigkeiten**, die Sie als unangenehm oder neutral empfinden.

Sie sind unter **Zeitdruck**, weil Sie diesen Verpflichtungen nachkommen möchten.

Dadurch haben Sie wenig Zeit für angenehme Tätigkeiten.

Lösung:

Im Voraus planen

Dinge, die Sie tun wollen und Dinge, die Sie tun müssen, **ausbalancieren**

Auswählen, was wirklich getan werden muss und gleichzeitig notwendige Erholungszeiten einbauen

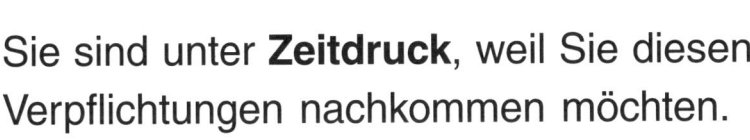

V/2

Zu wenig Sorgfalt

- Sind Sie bei der Auswahl angenehmer Tätigkeiten nicht sorgfältig genug **?**

- Wählen Sie häufig solche Aktivitäten aus, die Ihnen nur wenig oder **keine Freude** bereiten **?**

- Wählen Sie immer wieder **dieselben Tätigkeiten** aus, anstatt Neues zu probieren **?**

Lösung

- Klären Sie Ihre **Bedürfnisse**!

- Nehmen Sie sich Zeit für die **Dinge, die Sie wirklich tun wollen**

V/3

Veränderung der Lebenssituation

Beispiele:

- Umzug

- berufliche Veränderung

- Pensionierung

- Trennung vom Partner

- Trennung von Bekannten

- Erkrankung

usw.

Mögliche Lösung:

- Nach neuen Tätigkeiten suchen, die der veränderten Situation angepasst sind.

V/4

Angst und Anspannung

- Fühlen Sie sich in einer eigentlich angenehmen Situation nicht wohl, weil Sie sich ängstlich und angespannt fühlen?

Mögliche Lösung:

- Klären Sie den Grund der Anspannung

- Arbeiten Sie gezielt daran

- z. B. Entspannungsübungen, soziale Fertigkeiten

V/5

Die Planung angenehmer Tätigkeiten

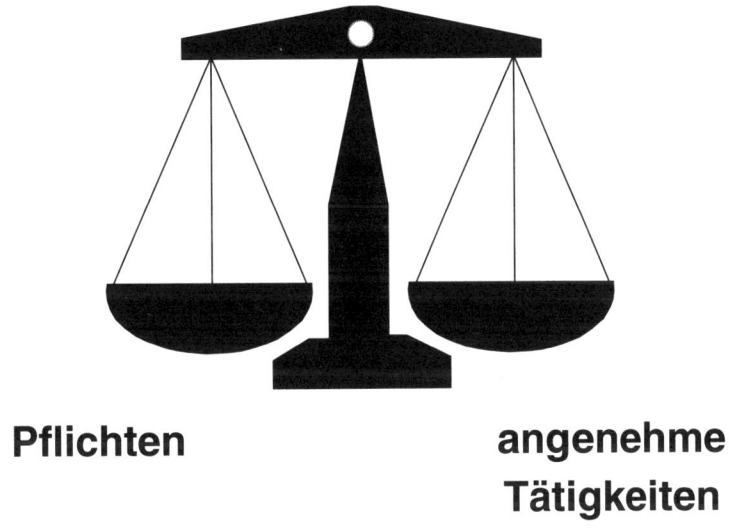

Pflichten   angenehme
                   Tätigkeiten

Ziel: Ausgewogenes Verhältnis

Vereinbarung: • Ich nehme mir vor, den Plan tatsächlich
                  umzusetzen

                • Ich setze Schwerpunkte, wähle aus und
                  gestalte mein Leben ein wenig um!

Planung: • Ich versuche, Problemen vorzugreifen
                  (Terminkalender, Babysitter bestellen, Telefon
                  abstellen, rechtzeitig etwas vereinbaren,
                  Tisch reservieren etc.)

V/6

Auch mal Nein sagen

Lernen Sie, **Nein** zu sagen,

wenn andere Ihre Hilfe beanspruchen wollen, wenn Sie eine angenehme Tätigkeit geplant haben.

Sie können sagen:

„Ich habe etwas anderes vor"

„Ich möchte das jetzt nicht tun"

„Ich helfe Dir gern ein andermal"

V/7

Ihre Gedanken

Welche Gedanken könnten Ihnen **im Weg stehen,**
die Dinge zu tun, die Sie tun möchten?

Welche Gedanken **helfen** Ihnen,
die Dinge zu tun, die Sie tun möchten?

V/8

M7 Was ich nächste Woche tun muss/will

was zu tun ist	was ich tun will

V/9

M8	Wochenplan						
Wochentag → Uhrzeit ↓							
7 – 8 Uhr							
8 – 9 Uhr							
9 – 10 Uhr							
10 – 11 Uhr							
11 – 12 Uhr							
12 – 13 Uhr							
13 – 14 Uhr							
14 – 15 Uhr							
15 – 16 Uhr							
16 – 17 Uhr							
17 – 18 Uhr							
18 – 19 Uhr							
19 – 20 Uhr							
20 – 21 Uhr							
21 – 22 Uhr							
22 – 23 Uhr							
23 – 24 Uhr							

VI/1

Sitzung 6

Wie Kontakte mit Anderen unsere Stimmung beeinflussen/

Selbstsicheres Verhalten

VI/2

Wenn wir uns niedergeschlagen
oder depressiv fühlen:

- haben wir weniger Kontakt mit anderen Leuten

- fühlen wir uns unwohl in Gesellschaft anderer

- sind wir stiller, reden weniger

- sind wir weniger selbstsicher

- reagieren wir sensibel darauf, wenn wir ignoriert, kritisiert oder abgelehnt werden

VI/3

Und wieder einmal ... Die depressive Spirale

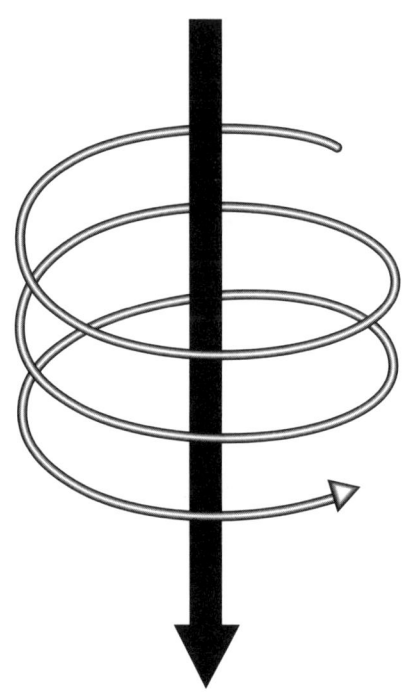

2. Sie haben
im Alltag
keine positiven
Erlebnisse mit
anderen

4. Sie ziehen sich
noch weiter von
anderen Men-
schen zurück –
eine wichtige
Quelle des
Wohlbefindens
fällt weg!

1. Sie fühlen sich
niedergeschlagen
und haben keine
richtige Lust, et-
was mit anderen
zu unternehmen

3. Ihre Stimmung wird
noch schlechter

5. Ihre Stimmung ist
auf dem Null-
punkt, und Sie
verbringen die
meiste Zeit allein

Aus: Hautzinger: Depressionen im Alter (2000).

VI/4

Soziale Unterstützung

= **Unterstützung durch die Menschen, die einem nahe
stehen und mit denen man sein Leben teilt**
   z. B. Familie, Freunde, Nachbarn, Kollegen und Bekannte

- Soziale Unterstützung durch
  Andere hat wichtige
  Auswirkungen auf unser
  Wohlbefinden

- Je besser die Unterstützung, um so leichter ist es,
  schwierigen Situationen zu begegnen

- Gute soziale Unterstützung reduziert die Wahrscheinlichkeit,
  ernsthaft depressiv zu werden.

VI/5

Wichtige Punkte im Kontakt mit Anderen

Wie wirken Sie auf andere Menschen?

Selbstsicheres Verhalten

Wie kann man Kontakte mit Leuten verbessern?

VI/6

Wie wirken Sie auf Andere?

- Ihr **Gesicht:** Lächeln Sie ab und zu? Halten Sie Augenkontakt?

- Ihr **Körper:** Haben Sie eine schlaffe Haltung? Sehen Sie müde oder ausgelaugt aus?

- Ihre **Sprache:** Sprechen Sie sehr langsam oder sehr leise?

- Zeigen Sie Interesse an dem, was andere erzählen? Oder **ignorieren Sie** andere häufig oder **kritisieren** sie die meiste Zeit?

- **Klagen** oder beschweren Sie sich häufig? Sprechen Sie oft nur über **negative Stimmungen** und Ereignisse?

VI/7

Unterschiedliche Stile im Umgang mit Anderen

- der **passive/selbstunsichere** Stil:
  eigene Bedürfnisse werden zurückgestellt

- der **aggressive** Stil:
  eigene Interessen werden ohne Rücksicht auf die
  Bedürfnisse anderer durchgesetzt

- der **selbstsichere** Stil:
  eigene Gedanken, Gefühle und Bedürfnisse werden offen
  mitgeteilt.

VI/8

Selbstsicheres Verhalten

- Selbstsicheres oder sozial kompetentes Verhalten bedeutet, **eigene** Wünsche und Bedürfnisse offen zu äußern, aber auch die Wünsche und Bedürfnisse **Anderer** zu berücksichtigen.

- Es bietet die Möglichkeit, einen **echten Kompromiss** auszuhandeln, mit dem alle beteiligten Personen zufrieden oder zumindest einverstanden sind.

- Längerfristig führt das dazu, dass Kontakte **überwiegend als angenehm** erlebt werden.

VI/9

M9 Beispiele für sozial kompetentes Verhalten

- Nein-Sagen-Können
- Gefühle offen zeigen und äußern können
- Blickkontakt halten
- Versuchungen zurückweisen können
- Um einen Gefallen bitten können
- Auf seinem Recht bestehen
- Stärken zeigen
- Schwächen eingestehen
- Auf Kritik reagieren
- Widerspruch äußern können
- Sich entschuldigen können
- Fehler eingestehen
- Änderungen bei störendem Verhalten anderer verlangen
- Erwünschte Kontakte arrangieren
- Auf Kontaktangebote eingehen
- Unerwünschte Kontakte beenden
- Komplimente akzeptieren
- Komplimente machen
- Lob, Zustimmung erteilen
- Ausreden lassen
- Zuhören können

Aus: Hautzinger: Depressionen im Alter (2000).

VI/10

Die Schritte selbstsicheren Verhaltens

1. Mein **Gefühl** benennen

2. Das **Verhalten** des Anderen ganz genau beschreiben

3. Die spürbaren **Folgen** und **Auswirkungen** des Verhaltens benennen

(4.) meinen **Wunsch** an den Anderen richten

VI/11

Selbstsicheres Verhalten
im Bereich „Kein Problem"

1. Gefühl: –   „ich finde es toll, ... es freut mich, ...

2. Verhalten: ... dass der Tisch gedeckt ist ...

3. Folgen: ... dadurch hab ich heute mehr Zeit zum
Frühstücken!"

VI/12

Selbstsicheres Verhalten bei Problemen

1. Gefühl: –   es stört mich, ...

          –   es ärgert mich, ...

          –   es macht mich wütend, ...

2. Verhalten: ... dass die Musik so laut aufgedreht ist ...

3. Folgen: ... ich kann mich dadurch schlecht auf meine Arbeit konzentrieren;

          ich brauche dadurch mehr Zeit für meine Arbeit ...

4. Wunsch: Stell die Musik doch bitte etwas leiser!

VI/13

Drei apokalyptische Reiter

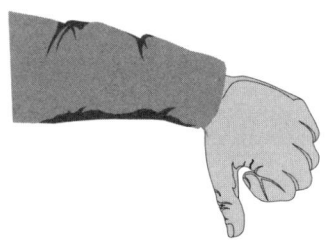

1. Verallgemeinerungen   statt   Situationen benennen

„alles, immer, nie"   „dreimal, jetzt, heute"

2. Moralisieren   statt   Meinungen äußern

„es gehört sich nicht,   „ich finde es wichtig ...,
man muss"   meiner Ansicht nach ..."

3. Du-Botschaften   statt   Ich-Botschaften

„Du bist eine Plage"   „ich bin müde und
                                       möchte deshalb nicht
                                       mit Dir ausgehen"

VI/14

Rollenspiel

Welche sozial kompetente Verhaltensweise soll geübt werden

Wie sieht die **Situation** aus? Ort, Zeit, Personen, Handlung

Wie sollen sich die **Mitspieler** verhalten? Was sagen und tun sie im Einzelnen

Wie soll das sozial kompetente Verhalten **konkret** aussehen

VI/15

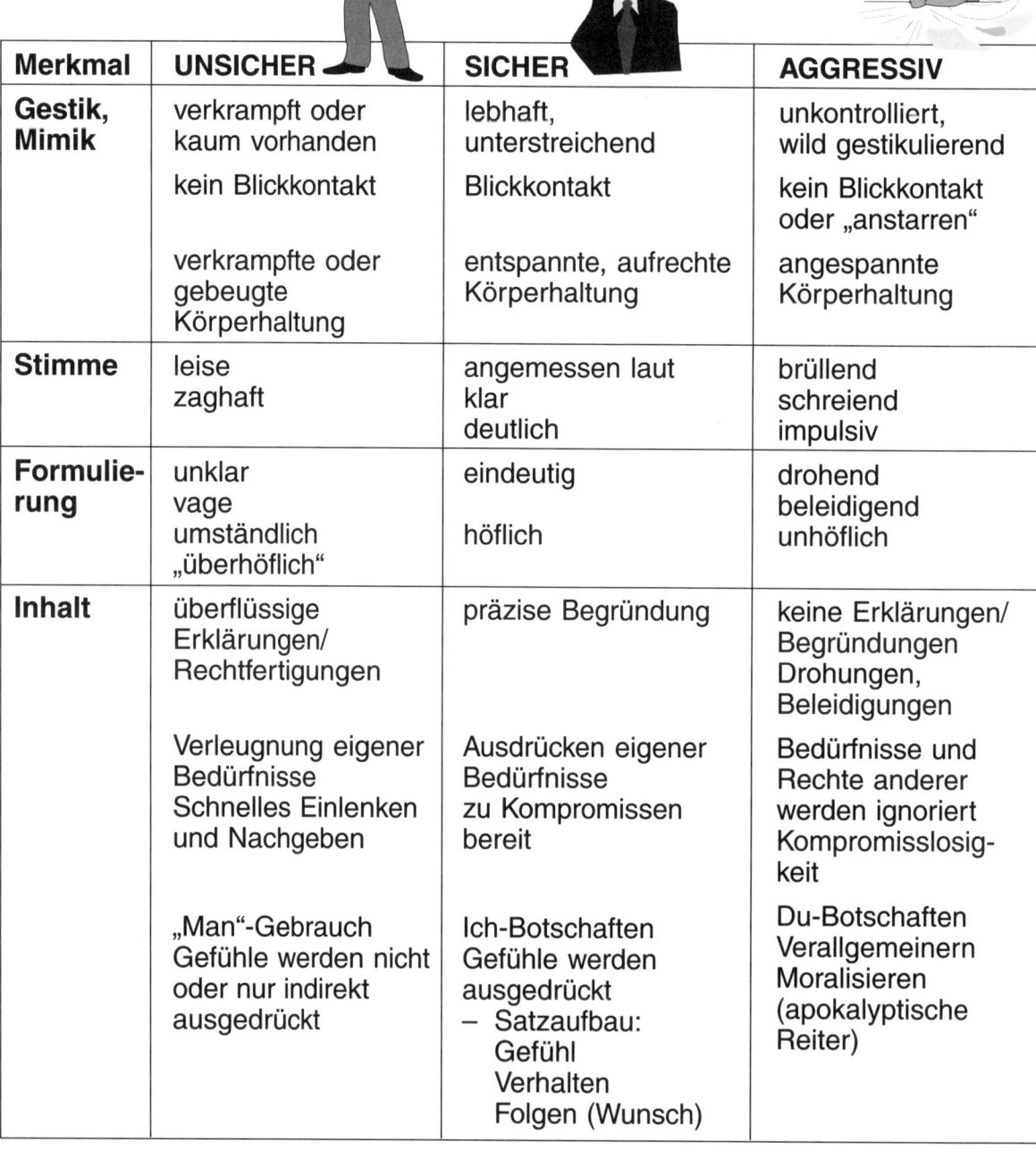

M10 Kriterien für unsicheres, sicheres und aggressives Verhalten

Merkmal	UNSICHER	SICHER	AGGRESSIV
Gestik, Mimik	verkrampft oder kaum vorhanden	lebhaft, unterstreichend	unkontrolliert, wild gestikulierend
	kein Blickkontakt	Blickkontakt	kein Blickkontakt oder „anstarren"
	verkrampfte oder gebeugte Körperhaltung	entspannte, aufrechte Körperhaltung	angespannte Körperhaltung
Stimme	leise zaghaft	angemessen laut klar deutlich	brüllend schreiend impulsiv
Formulierung	unklar vage umständlich „überhöflich"	eindeutig höflich	drohend beleidigend unhöflich
Inhalt	überflüssige Erklärungen/ Rechtfertigungen	präzise Begründung	keine Erklärungen/ Begründungen Drohungen, Beleidigungen
	Verleugnung eigener Bedürfnisse Schnelles Einlenken und Nachgeben	Ausdrücken eigener Bedürfnisse zu Kompromissen bereit	Bedürfnisse und Rechte anderer werden ignoriert Kompromisslosigkeit
	„Man"-Gebrauch Gefühle werden nicht oder nur indirekt ausgedrückt	Ich-Botschaften Gefühle werden ausgedrückt – Satzaufbau: Gefühl Verhalten Folgen (Wunsch)	Du-Botschaften Verallgemeinern Moralisieren (apokalyptische Reiter)

VII/1 M10

M10   Kriterien für unsicheres, sicheres und aggressives Verhalten

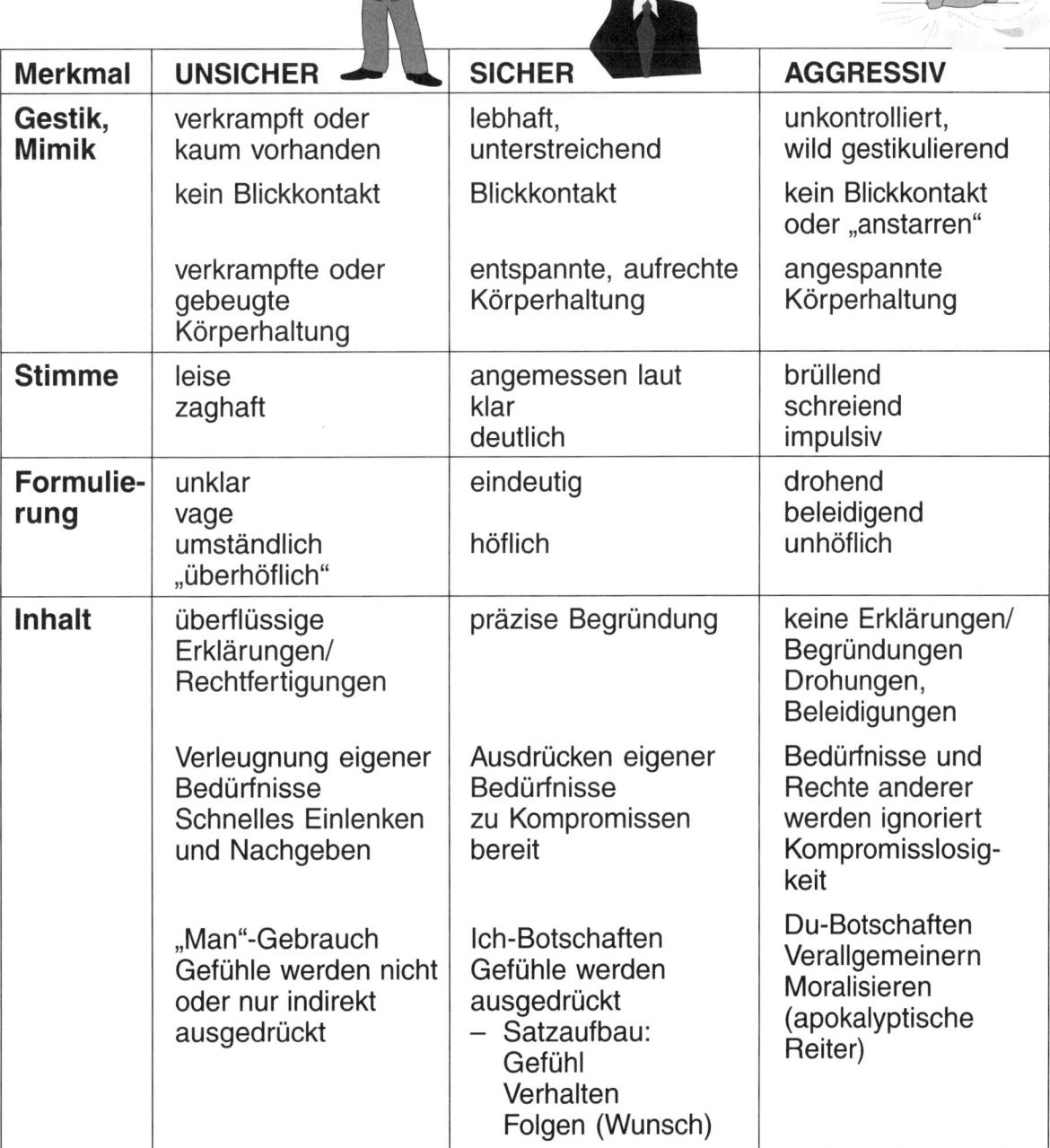

Merkmal	UNSICHER	SICHER	AGGRESSIV
Gestik, Mimik	verkrampft oder kaum vorhanden	lebhaft, unterstreichend	unkontrolliert, wild gestikulierend
	kein Blickkontakt	Blickkontakt	kein Blickkontakt oder „anstarren"
	verkrampfte oder gebeugte Körperhaltung	entspannte, aufrechte Körperhaltung	angespannte Körperhaltung
Stimme	leise zaghaft	angemessen laut klar deutlich	brüllend schreiend impulsiv
Formulie- rung	unklar vage umständlich „überhöflich"	eindeutig höflich	drohend beleidigend unhöflich
Inhalt	überflüssige Erklärungen/ Rechtfertigungen	präzise Begründung	keine Erklärungen/ Begründungen Drohungen, Beleidigungen
	Verleugnung eigener Bedürfnisse Schnelles Einlenken und Nachgeben	Ausdrücken eigener Bedürfnisse zu Kompromissen bereit	Bedürfnisse und Rechte anderer werden ignoriert Kompromisslosig- keit
	„Man"-Gebrauch Gefühle werden nicht oder nur indirekt ausgedrückt	Ich-Botschaften Gefühle werden ausgedrückt – Satzaufbau: Gefühl Verhalten Folgen (Wunsch)	Du-Botschaften Verallgemeinern Moralisieren (apokalyptische Reiter)

VII/2

Kontakte mit anderen Menschen verbessern

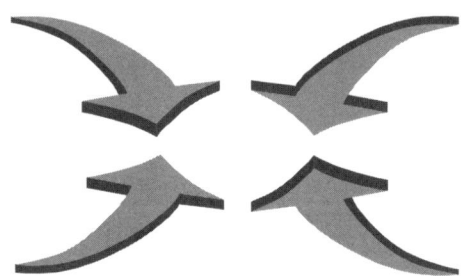

1. Neue Leute kennenlernen

a) über **gemeinsame Aktivitäten**

b) an **geeigneten Orten** in der Stadt oder in der Gegend, wo man Menschen begegnen kann

2. Kontakte mit Leuten verbessern, die Sie schon kennen

VII/3

Neue Leute über gemeinsame Aktivitäten kennenlernen

VORTEILE:

☺ Sie tun etwas, was Ihnen Spaß macht

➜ bringt gute Stimmung

➜ Sie sind aufgeschlossener gegenüber Anderen

➜ Sie setzen sich weniger unter Druck

➜ Sie haben zumindest schon mal ein gemeinsames Interesse

VII/4

M11   Übung zur Gruppendiskussion

Zu welchen Aktivitäten
würden Sie gerne von
Anderen eingeladen werden?

Was fällt Ihnen schwer, wenn
Sie Anderen etwas
vorschlagen?

VII/5

> # Probleme, die unsere Freude an sozialen Aktivitäten beeinträchtigen

- **zu viele Verpflichtungen, im „alten Trott" verfangen sein**

- **mangelhafte Belohnung**

  wenn soziale Kontakte so wenig angenehm für Sie sind, dass Sie sie nicht genießen können

VII/6

Der alte Trott

Ihre bisherigen **Lebensgewohnheiten** erschweren es Ihnen, etwas mit Anderen zu unternehmen.

Beispiele:

! nach der Arbeit müde ➔ nur noch den Fernseher einschalten

! zu unregelmäßigen Zeiten arbeiten ➔ soziale Aktivitäten sind schwer einzuplanen

! Sie haben eine Aufgabe übernommen, die Ihre gesamte Freizeit in Anspruch nimmt (z. B. Kinderbetreuung)

➔ Sie investieren all Ihre Energie in Tätigkeiten, die angenehme soziale Aktivitäten erschweren

➔ oder Sie sind es nicht gewohnt, soziale Aktivitäten im Voraus zu planen

➔ ein Mangel an befriedigenden sozialen Aktivitäten wirkt sich jedoch wiederum negativ auf Ihre Stimmung aus

VII/7

M12 Soziale Aktivitäten, die Sie erhöhen möchten

VII/8

M13	Störende Aktivitäten, die Sie dazu verringern müssen

VII/9

Mangelhafte Belohnung

= Sie können soziale Kontakte nicht so recht genießen und suchen solche deshalb nicht auf

Belohnen Sie sich für das Aufsuchen sozialer Kontakte!

Ihre sozialen Kontakte werden in der Regel selbst zur Belohnung, sobald Sie damit begonnen haben

Falls dies nicht der Fall ist und Ihnen der Kontakt nicht gut tut: Finden Sie heraus, woran es liegt:

Sind Sie zu **angespannt**? Versuchen Sie es mit **Entspannung**

Sind Sie **unsicher**? Üben Sie **soziale Kompetenz**

Sind die Kontakte aus **anderen Gründen** nicht befriedigend?

Versuchen Sie insbesondere solche Kontakte aufzubauen und zu steigern, die Ihnen **gut tun** und **Belohnungscharakter** für Sie haben

VII/10

M8	Wochenplan					
Wochentag → Uhrzeit ↓						
7 – 8 Uhr						
8 – 9 Uhr						
9 – 10 Uhr						
10 – 11 Uhr						
11 – 12 Uhr						
12 – 13 Uhr						
13 – 14 Uhr						
14 – 15 Uhr						
15 – 16 Uhr						
16 – 17 Uhr						
17 – 18 Uhr						
18 – 19 Uhr						
19 – 20 Uhr						
20 – 21 Uhr						
21 – 22 Uhr						
22 – 23 Uhr						
23 – 24 Uhr						

VII/11

Was Sie beim Wochenplan beachten sollten

- Setzen Sie sich vernünftige Ziele in Form kleiner Schritte

- Belohnen Sie sich für die Durchführung der kleinen Schritte

- Behalten Sie diesen Plan auch über die nächsten Wochen bei, und registrieren Sie Ihre Fortschritte!

VIII/1

Gefühle, Gedanken und Handeln beeinflussen sich gegenseitig

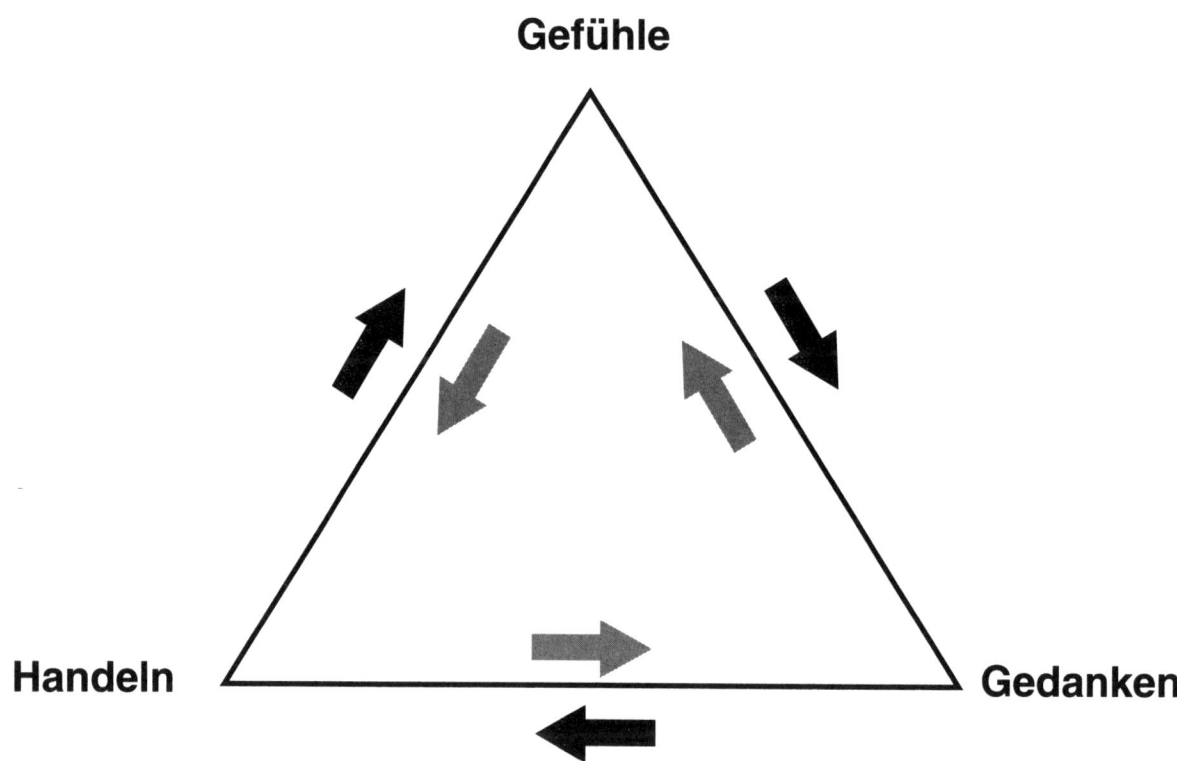

VIII/2 (Zusammenfassung)

Techniken zur Steigerung positiver Gedanken

● **Pumptechnik**

Sich positive Gedanken „einpumpen"

● **Signaltechnik**

Immer wenn Sie einen solchen Aufkleber sehen, denken Sie etwas Positives!

● **Selbstbelohnung**

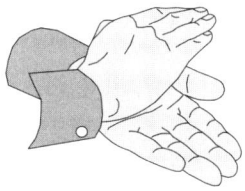

„Das habe ich gut gemacht!"

VIII/3 (Zusammenfassung)

Techniken zur Verminderung negativer Gedanken

- **Gedankenunterbrechung**
  Unterbrechen Sie den negativen Gedanken mit dem Wort:
  STOP!

- **Sorgenstunde**
  Richten Sie sich bewusst eine Zeit ein, in der Sie dem
  Problem, das Sie belastet, Ihre volle Aufmerksamkeit
  widmen. ⇒ Lösungsschritte festhalten!

- **Aufblasetechnik**
  „Blasen Sie einen negativen Gedanken so weit auf", dass er
  lächerlich wirkt.

- **Das Schlimmste, was passieren könnte**
  Überlegen Sie realistisch: Was würde wirklich
  schlimmstenfalls passieren?

- **Zeitverschiebung**
  Wie sieht es in 10 Jahren aus?

VIII/4

Ein Ansatz für konstruktives Denken: Die A-B-C-D Methode

Geeignet für Menschen, die dazu neigen, auf unerfreuliche Ereignisse oder Schwierigkeiten übermäßig negativ zu reagieren.

A ist das **A**uslösende Ereignis

B ist die **B**ewertung des Ereignisses
(was Sie sich selbst über das Ereignis sagen)

C ist die gefühlsmäßige **C**onsequenz
(Folge, Auswirkung)

D ist die Art und Weise, wie Sie mit Ihren Bewertungen
konstruktiv **D**iskutieren sollten

VIII/5

Die Planung angenehmer Tätigkeiten

Pflichten   angenehme
                   Tätigkeiten

Ziel: Ausgewogenes Verhältnis

Angenehme Aktivitäten haben einen Platz in Ihrem Alltag

VIII/6

Die Schritte selbstsicheren Verhaltens

1. Mein **Gefühl** benennen

2. Das **Verhalten** des Anderen ganz genau beschreiben

3. Die spürbaren **Folgen** und **Auswirkungen** des Verhaltens benennen

(4.) meinen **Wunsch** an den Anderen richten

VIII/7

Kontakte mit anderen Menschen verbessern

1. Neue Leute kennenlernen

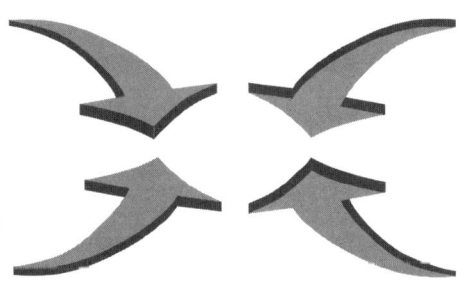

z. B. über **gemeinsame Aktivitäten**

z. B. an **geeigneten Orten** in der Stadt oder in der Gegend, wo man Menschen begegnen kann

2. Kontakte mit Leuten verbessern, die Sie schon kennen

z. B. **Telefonkontakte**

z. B. Andern eine **gemeinsame Aktivität** vorschlagen

VIII/8

Durch **Entspannungsübungen** haben Sie gelernt,

wie Sie **Anspannung** reduzieren

und so zu Ihrem **Wohlbefinden** beitragen können!

VIII/9

Angenehme Aktivitäten

brauchen **Zeit**

und **Platz,**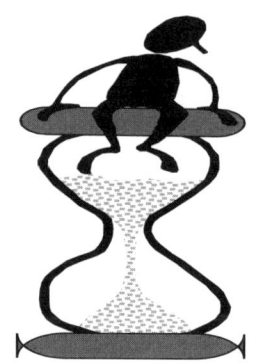

damit sie als angenehm erlebt werden

Nehmen Sie sich also Zeit und Platz für angenehme Aktivitäten!

VIII/10

Planen Sie im Voraus

- **Wie wird das Ereignis mein Leben im einzelnen beeinflussen?** Werde ich dann viel Zeit haben? Wird es zur Trennung von wichtigen Menschen kommen? Werden mir dadurch viele Aktivitäten erschwert, die ich gern unternommen habe?

- Besteht die Wahrscheinlichkeit, dass dieses Ereignis mein seelisches Wohlbefinden stark beeinträchtigt?

- **Was kann ich tun, um mich vorzubereiten?** Wie kann ich auf Veränderungen reagieren, die durch das Ereignis zustandekommen? Welche Strategien kann ich einsetzen, um mit Problemen besser umzugehen, die das Ereignis mit sich bringt?

VIII/11

Wertekonflikte

Beispiel 1:

Wert 1: ich will gesund leben
Wert 2: ich will mein Leben genießen

Diese beiden Werte führen wahrscheinlich
zu einem Konflikt, wenn ich eine Nacht durchfeiere, viel Alkohol
trinke und am nächsten Tag Kopfweh habe und meine
Sportveranstaltung absagen muss.

Beispiel 2:

Wert 1: ich möchte eine gute Hausfrau/ein guter Hausmann sein
Wert 2: ich möchte eine gute Mutter/ein guter Vater sein

Diese beiden Werte führen vielleicht zu einem Konflikt, wenn
mein Kind auf den Spielplatz gehen möchte, ich aber die
Wohnung für den am Abend bevorstehenden Besuch putzen
möchte.

VIII/12

Ziele

- **Persönliche Ziele**

  Ziele, die vorrangig mit Ihnen alleine zu tun haben.

- **Zwischenmenschliche Ziele**

  Ziele, die mit Ihrer Beziehung zu Anderen zu tun haben.

- **Kurzfristige Ziele**

  Ziele, die zur Zeit anstehen.

- **Langfristige Ziele**

  Ziele, die noch nicht anstehen, aber bei der Planung kurzfristiger Ziele bedacht werden sollen.

  Wo würden Sie bezüglich Ihrer persönlichen und zwischenmenschlichen Ziele gern in einigen Jahren stehen?

VIII/13

Übung

Ein Blick in die Zukunft

1. Wenn Sie in Gedanken in die Zukunft blicken 10 Jahre von heute an – Was möchten Sie gerne erreicht haben?

2. Stellen Sie sich den Weg, den Sie in den 10 Jahren gehen werden vor! Wo möchten Sie in 3 Jahren stehen, wo in 5 Jahren?

3. Wenn Sie von dort wiederum 10 Jahre zurückblicken: An was würden Sie sich gerne erinnern?

VIII/14

M14	Lebensziele / Zukunftsplan

Beschreiben Sie für jeden dieser Bereiche Ihre Ziele:

	Ziele, die Sie schon erreicht haben	Ziele, an denen Sie noch weiter arbeiten möchten
1. Lebensstil:		
2. Geistige und religiöse Aktivitäten:		
3. Ausbildungspläne:		
4. Berufliche Entscheidungen:		
5. Ausmaß körperlicher Aktivitäten:		
6. Freizeitaktivitäten:		
7. Art des Familienlebens:		
8. Freunde:		
9. Liebesbeziehungen:		
10. Gruppenaktivitäten:		

VIII/15

Vorbeugen

- Machen Sie sich vorbeugend Gedanken darüber, was im positiven Sinn zu Ihrem Wohlbefinden beiträgt.

- Lernen Sie, Höhepunkte in Ihrem Leben wahrzunehmen und sie bewusst zu erleben.

- Versuchen Sie, Veränderungen in Ihrem Leben auch als Gelegenheit zu persönlichem Wachstum zu sehen.

- Planen Sie bewusst angenehme Tätigkeiten in Ihren Alltag ein und behalten Sie diese auch in Krisensituationen bei, um ernsthaften Verstimmungen vorzubeugen.

- Warten Sie nicht, bis Sie sich schlecht fühlen, um dann erst Gegenmaßnahmen zu treffen.

Kapitel 5

Kurzentspannung

Überleitung zur Entspannung

Damit Sie vom Stress des Alltags leichter abschalten und die Inhalte des Kurses besser aufnehmen können, wollen wir Ihnen nun eine kurze Entspannungsübung anbieten.
Es gibt völlig verschiedene Arten von Entspannungsverfahren. Aus Zeitgründen können wir diese nicht alle vorstellen. Die Vielfalt würde ein eigenes Seminar in Anspruch nehmen.
Wir haben ein bestimmtes Verfahren, die Phantasiereise, herausgegriffen, die auf dem Prinzip der Wahrnehmungslenkung beruht. Dies ist eine einfache Methode, die man nach kurzer Zeit auch alleine anwenden kann.

Setzen Sie sich bitte bequem hin,
schließen Sie die Augen
und atmen Sie ruhig ein und aus.

Vorübung

Wir machen zunächst eine kurze innere Rückblende über den Verlauf des Tages, damit Sie sich allmählich auf die Entspannung einstellen können.

Gehen Sie nun in Gedanken auf Ihrem inneren Zeitstrahl zurück an den Beginn des Tages, als Sie aufgestanden sind.
Ist es Ihnen leicht- oder schwergefallen, aufzustehen? Versuchen Sie, sich zu erinnern.

Wandern Sie nun zeitlich weiter und stellen Sie sich vor, was Sie im Laufe des Tages gemacht haben.
Vielleicht sind Sie zur Arbeit gegangen, vielleicht aber auch zu Hause geblieben.
War es ein eher anstrengender oder eher angenehmer Tag für Sie?
Welche Aktivitäten haben Sie durchgeführt? Waren es nur Pflichten, oder waren auch schöne Dinge dabei?

Und wie war es, als Sie sich auf den Weg zum Kurs gemacht haben?
Hatten Sie Zeit und konnten sich in Ruhe innerlich auf den Kurs einstellen, oder konnten Sie es eher nicht?

Wie ging es Ihnen, als Sie hier angekommen sind?
Haben Sie sich gefreut, oder waren Sie aufgeregt?

Und wenn wir auf unserem inneren Zeitstrahl noch etwas weiter wandern und im Jetzt ankommen, wie geht es Ihnen im Moment?
Konnten Sie schon etwas zur Ruhe kommen, oder sind Sie noch etwas unruhig?

Wie ist Ihre Atmung?
Ist sie ruhig und gleichmäßig oder eher noch nicht?
Versuchen Sie, ganz ruhig und gleichmäßig ein- und wieder auszuatmen, in einem Tempo, das für Sie angenehm ist.

Zufluchtsort

Halten Sie die Augen geschlossen und entspannen Sie sich weiter.
Stellen Sie sich jetzt einen Ort vor an dem Sie sich völlig sicher, geborgen und zufrieden fühlen können. Dies kann z.B. ein Zimmer sein, eine Blumenwiese, eine Gebirgslandschaft, eine Hütte, ein Ort, den Sie bereits kennen oder ein Ort, den Sie völlig neu in ihrer Phantasie entstehen lassen können.
Ein Ort, den Sie aufsuchen können, wenn Sie sich entspannen möchten, wenn Sie es sich bequem machen wollen, wenn Sie Ruhe und inneren Frieden finden wollen.
Versuchen Sie sich den Ort so genau wie möglich vorzustellen, in all seinen Farben und mit all seinen Gerüchen ...
Versuchen Sie die Geräusche an ihrem Zufluchtsort zu hören (vielleicht hören Sie das Rauschen des Wassers oder das Zwitschern von Vögeln ...) ...
Stellen Sie sich vor, wie sich der Ort anfühlt... vielleicht gibt es weiches Gras unter Ihren Füßen oder warmen Sand ...
Stellen Sie sich den Ort in all seinen Qualitäten ganz genau vor und lassen Sie sich ein paar Minuten Zeit, um sich mit all Ihrer Phantasie in diesen Zufluchtsort hineinzuversetzen, den Sie immer aufsuchen können, wenn Sie sich sicher und geborgen fühlen wollen.

- 1–2 Minuten Zeit einräumen, um den Teilnehmerlnnen Gelegenheit zu geben, das Bild des Zufluchtsorts individuell zu gestalten

Und wir verlassen nun ganz langsam wieder unseren inneren Zufluchtsort ..., lassen ihn nach und nach vor unserem inneren Auge immer kleiner werden ..., bis er ganz verschwunden ist ..., und wir wieder im Hier und Jetzt angekommen sind.

Wir öffnen langsam die Augen, rekeln und strecken uns, stehen auf und schütteln Arme und Beine aus und setzen uns wieder in den Kreis.

Wie fühlen Sie sich jetzt?

- Nach der Aktivierung des Kreislaufs bitten die KursleiterInnen um eine kurze Rückmeldung über das momentane Wohlbefinden und gehen auf die einzelnen TeilnehmerInnen und eventuell auftauchende Schwierigkeiten ein.

Am Strand

Bleiben Sie ganz bequem sitzen, lassen Sie Ihren Atem einfach fließen, wie er kommt und geht ...
Entspannen Sie sich weiter ...
Stellen Sie sich vor, Sie sind an einem ruhigen und einsamen Strand. Es ist warm, die Sonne scheint und Sie spüren die Wärme auf Ihrer Haut. Sie liegen da und fühlen den Sand zwischen Fingern und Zehen. Es ist angenehm, Sie fühlen sich wohl. Vielleicht weht ein laues Lüftchen oder sogar eine leichte Brise, die Sie auf ihrer Haut spüren können ...
Vielleicht trägt der Wind den Geruch des Meeres zu Ihnen ...
Sie hören das Rauschen des Meeres, die Wellen gehen hin und her, ein gleichförmiges, angenehmes Rauschen ...
Vielleicht hören Sie das Schreien der Möwen...
Sie betrachten den Himmel und lassen die Wolken an sich vorüberziehen ...
Und vielleicht stehen Sie auf und gehen zum

Wasser und waten darin. Fühlen sie das angenehme kühle Nass ..., die leichte Brise ..., riechen Sie den typischen Geruch des Meeres ...
Vielleicht sehen Sie, wie das Licht der Sonne auf den Wellen tanzt ...
Spüren Sie das angenehme, entspannte Gefühl....
Lassen Sie sich nun ein bisschen Zeit, dem nachzugehen...

- 1–2 Minuten Zeit einräumen, um den TeilnehmerInnen Gelegenheit zu geben, das Bild des Strands individuell zu gestalten

Und wir verlassen nun ganz langsam wieder diesen Strand, lassen ihn nach und nach vor unserem inneren Auge immer kleiner werden ..., bis er ganz verschwunden ist ..., und wir wieder im Hicr und Jetzt angekommen sind.

Wir öffnen langsam die Augen, rekeln und strecken uns, stehen auf und schütteln Arme und Beine aus und setzen uns wieder in den Kreis.

Wie fühlen Sie sich jetzt?

- Nach der Aktivierung des Kreislaufs bitten die KursleiterInnen um eine kurze Rückmeldung über das momentane Wohlbefinden und gehen auf die einzelnen TeilnehmerInnen und eventuell auftauchende Schwierigkeiten ein.

Hausaufgaben

- Die TeilnehmerInnen werden angewiesen, die Phantasiereise „Zufluchtsort" oder „Strand" einmal täglich für sich selbst durchzuführen.

Nehmen Sie sich einmal am Tag die Zeit, eine solche innere Phantasiereise für sich selbst durchzuführen. Wählen Sie dazu einen ruhigen Ort und einen Zeitpunkt, an dem Sie ungestört sind. Stellen Sie mögliche Störquellen (z. B. Telefon) ab. Schon bald werden Sie feststellen, dass sich das angenehme Gefühl der Entspannung und des Wohlbefindens dabei von selbst einstellt.

Kapitel 6

Übungsteil für KursteilnehmerInnen

Sitzung 1: Einführung

Inhalt
– Grundprinzipien des Kurses
– Definition und Vorkommen depressiver Störung
– Prinzipien der Sozialen Lerntheorie
– Hilfreiche Selbstkontrollstrategien
– Kurzentspannung

Herzlich willkommen zum Kurs „Depressionen vorbeugen"!

Wir haben zu jeder Kursstunde die wichtigsten Informationen für Sie zusammengestellt, damit Sie sich die Inhalte nochmals vergegenwärtigen können. Hier finden Sie auch die Hausaufgabenblätter für die Übungen zwischen den Sitzungen.

1. Ziel des Kurses

Dieser Kurs möchte Ihnen Möglichkeiten vermitteln, wie Sie Ihre Stimmung günstig beeinflussen können, um so ausgeprägten depressiven Verstimmungen vorzubeugen.
„Vorbeugung" bedeutet, Dinge zu tun, die es weniger wahrscheinlich machen, daß jemand ernsthaft depressiv wird.

2. Was ist Depression?

a. Entweder ein Gefühl von Traurigkeit oder Niedergeschlagenheit, das jeder von uns von Zeit zu Zeit hat, oder aber

b. Ein Anzeichen für ein seelisches Problem, das u.a. folgende Symptome einschließt:
   1. Sich niedergeschlagen, traurig, bedrückt oder gereizt zu fühlen
   2. Kein Interesse oder Freude mehr verspüren zu können
   3. Sich dauernd erschöpft und antriebslos zu fühlen
   4. Sich nicht mehr konzentrieren zu können
   5. Keinen Appetit zu haben
   6. Schlafstörungen zu haben
   7. Sich schuldig zu fühlen, das Gefühl haben, dass man bestraft werden sollte
   8. Sich durch zu viele Verantwortlichkeiten überlastet zu fühlen
   9. Körperliche Symptome, wie Schmerzen, u.a.

3. Wie häufig sind Depressionen?

Depressionen sind sehr häufig. Man kann sagen, dass sich alle erwachsenen Menschen zu irgendeinem Zeitpunkt im Leben depressiv fühlen. Im Allgemeinen sind diese Gefühle jedoch nicht sehr schwer ausgeprägt und nicht sehr lange anhaltend.

Aus Untersuchungen an der Bevölkerung wissen wir, dass ca. 10–20 % der Bevölkerung im Lauf des Lebens eine ausgeprägtere Depression entwickeln.

Etwa einer von sechs Erwachsenen entwickelt im Laufe seines Lebens eine Depression, die so schwer ist, dass sie behandelt werden muss.

Dieses Gruppenprogramm möchte Ihnen Strategien vermitteln, die geeignet sind, Depressionen vorzubeugen. Es ist ein Kurs, keine Therapie. Der Kurs ist keine Behandlung, und er ist nicht als Alternative zu einer Behandlung gedacht.

Wenn Menschen lernen, ihre Stimmung zu kontrollieren, hilft dies nicht nur, sich gut zu fühlen, sondern es kann auch eine günstige Wirkung auf die körperliche Gesundheit haben.

Sich gut zu fühlen, macht es auch leichter, seine alltäglichen Probleme zu bewältigen.

4. Wie kann man mit depressiven Verstimmungen umgehen? Wie kann man diesen vorbeugen?

Dazu gibt es verschiedene Wege. Der Weg, den wir Ihnen in diesem Kurs vermitteln möchten, beruht auf der Sozialen Lerntheorie.

Die Soziale Lerntheorie ist eine Möglichkeit, zu erklären, warum Menschen sich so fühlen, wie sie sich fühlen, und sich so verhalten, wie sie sich verhalten.

Die Soziale Lerntheorie besagt:

a. Menschen *lernen*, auf eine bestimmte Art zu denken, zu fühlen und zu handeln

b. Diese menschlichen Fähigkeiten (Denken, Fühlen und Handeln) beeinflussen sich ständig gegenseitig:

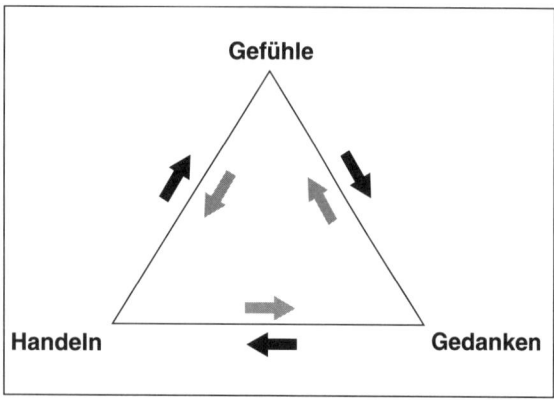

c. Indem wir lernen, *welche* Gedanken und Handlungen unsere Gefühle beeinflussen, können wir auch mehr Kontrolle über unsere Gefühle bekommen

d. Um zu lernen, *wie* wir Gedanken und Verhalten verändern können, müssen wir lernen:

1. Was kommt *vor* dem Verhalten?

   Beispiel: Was tun Sie gerade, wenn ihre Stimmung schlechter wird? Was löst schlechte Stimmung aus?
   – Mit welchen Menschen sind Sie zusammen?
   – Wo halten Sie sich auf?
   – Welche Art von Gedanken haben Sie da?

2. Was kommt *nach* dem Verhalten?

   Beispiel: Wenn Sie niedergeschlagen sind: Erfahren Sie dann angenehme Konsequenzen?

   – Behandeln Familie und Freunde Sie dann netter?
   – Können Sie dadurch Dinge verschieben, die unangenehm sind?

3. Was passiert *während* des Verhaltens?

   Beispiel: Sagen Sie Dinge zu sich, die Sie noch trauriger machen?

Umgekehrt: Wenn wir Gedanken und Verhalten verändern wollen, um damit unsere Stimmung günstig zu beeinflussen, müssen wir fragen (Arbeitsblatt **M1**):

1. Was geht meinem Verhalten voraus? Hilft es, wenn ich eine Sache plane? Hilft es, wenn ich jemandem sage, dass ich etwas tun werde (z. B. eine bestimmte Aktivität ausführen)?

2. Was folgt auf mein Verhalten? Hilft es, mich selbst zu belohnen für etwas Wichtiges, was ich getan habe? Mit anderen darüber zu reden, wie es mir geht?

3. Was erleichtert es mir, eine Sache weiterzumachen, die ich mir vorgenommen habe? Hilft es, mir zu sagen, wie gut ich es mache? Mich zu erinnern, weshalb ich es tue? Hilft es, mir gute Dinge vorzustellen, die eintreten werden, wenn ich an einer Sache bleibe?

5. Hilfreiche Selbstkontrollstrategien

a. Sich selbst *belohnen*, wenn man etwas tut, was man sich vorgenommen hat

b. *Schritt-für-Schritt*-Veränderung: Sich kleine überschaubare Ziele setzen

c. Lernen durch *Beobachtung*, wie andere mit Situationen umgehen

d. *Im Auge behalten*, was man tut und wie man sich dabei fühlt

e. Seine *Pläne aufschreiben:* Was man verändern möchte, und wie man sich für die Durchführung belohnen möchte

6. Vom Kurs zu den Hausaufgaben

1. Wie ist meine tägliche Stimmung? Beginnen Sie heute mit dem täglichen Stimmungsprotokoll (**M2**). Notieren Sie jeden Abend Ihre durchschnittliche Tagesstimmung. Benoten Sie von 1 bis 6 (wie Schulnoten).

2. Füllen Sie die Liste angenehmer Tätigkeiten (**M3**) aus und bringen Sie die Liste zur nächsten Sitzung mit, wir wollen im Laufe des Kurses damit arbeiten.

M 1	Verhaltensanalyse

 Ganz konkret:

... um Gedanken und Verhalten zu verändern:

Bisher:	Mögliche Veränderungen:
1. Was geht meinem Verhalten *voraus*?	z. B. – planen – jemandem sagen, was ich tun werde?
2. Was passiert *während* des Verhaltens?	z. B. – mir sagen, wie gut ich es mache – mich daran erinnern, weshalb ich es tue – mir vorstellen, was ich erreiche, wenn ich an der Sache bleibe?
3. Was *folgt* auf mein Verhalten?	z. B. – mich selbst belohnen – mit anderen darüber reden, wie es mir geht?

M 2   Stimmungsprotokoll

Beurteilen Sie täglich Ihre Stimmung und tragen Sie einen Wert von 1 bis 6 hinter dem Datum ein!

Werte: 1   sehr gute Stimmung

             2   gute Stimmung

             3   mittelmäßige Stimmung

             4   weniger gute Stimmung

             5   schlechte Stimmung

             6   sehr schlechte Stimmung

Bringen Sie das Stimmungsprotokoll zur nächsten Sitzung wieder mit.

	Datum und Wochentag	Wert		Datum und Wochentag	Wert
1			15		
2			16		
3			17		
4			18		
5			19		
6			20		
7			21		
8			22		
9			23		
10			24		
11			25		
12			26		
13			27		
14			28		

Aus: Hautzinger: Depressionen im Alter (2000).

| M 3 | Liste angenehmer Tätigkeiten |

Tragen Sie auf den folgenden Seiten in der ersten Spalte **H** (für Häufigkeit) ein, wie häufig Sie diese Tätigkeit *die letzten vier Wochen* ausgeführt haben.

- 0 = überhaupt nicht
- 1 = 1–6mal
- 2 = 7mal oder häufiger

Tragen Sie in der zweiten Spalte **A** (für Angenehmheit) ein, wie angenehm Ihnen diese Tätigkeit ist. Beurteilen Sie dies, egal ob Sie diese Tätigkeit ausgeführt haben oder nicht.

- 0 = unangenehm oder neutral
- 1 = einigermaßen angenehm
- 2 = sehr angenehm

Aus: Hautzinger: Depressionen im Alter (2000).

	H	A
1. Einen Ausflug ins Grüne machen		
2. Ins Kino gehen		
3. Ins Theater gehen		
4. In ein Konzert gehen		
5. In die Oper gehen		
6. Ins Kabarett gehen		
7. Einen Stadtbummel machen		
8. In den Zirkus / Zoo / Tierpark gehen		
9. Einen Vergnügungspark besuchen		
10. Zu Gerichtsverhandlungen gehen		
11. Zu einer Familienfeier gehen		
12. Zu einem öffentlichen Fest gehen (Weinfest, Straßenfest, usw.)		
13. Ins Cafe / ein Eis essen gehen		
14. In die Kneipe gehen		
15. Auf einen Flohmarkt gehen		
16. Zu Vorträgen gehen		
17. An einer Tagung teilnehmen		
18. Ein Museum oder eine Ausstellung besuchen		
19. Zu einer Sportveranstaltung gehen		
20. An einer Sportveranstaltung teilnehmen		
21. In einer Mannschaft spielen		
22. Spazierengehen		
23. Wandern		
24. Fußball spielen		
25. Volleyball / Basketball / Handball spielen		
26. Ins Hallenbad / Freibad gehen		
27. Ins Thermalbad gehen		

	H	A
28. Federballspielen		
29. Tischtennis spielen		
30. Tennis spielen		
31. Boccia spielen		
32. Radfahren		
33. Golf oder Minigolf spielen		
34. Joggen / Waldlauf		
35. Skilaufen (Langlauf, Abfahrt)		
36. Schlittenfahren		
37. Schlittschuhlaufen		
38. Boot fahren (Ruder-, Segel-, Motorboot, Dampfer)		
39. Schießsport betreiben		
40. Angeln		
41. Reiten		
42. Bowling spielen oder Kegeln		
43. In die Sauna gehen		
44. Billiard spielen		
45. Ins Spielcasino gehen		
46. Tanzen gehen		
47. Schach, Mühle, Halma, Scrabble, usw. spielen		
48. Karten spielen (Skat, Doppelkopf, Romme, usw.)		
49. Würfelspiele spielen		
50. Um Geld spielen		
51. Kreuzworträtsel lösen		
52. Handarbeiten (Stricken, Nähen, usw.)		
53. Malen, Zeichnen		
54. Etwas entwerfen		
55. Töpfern		
56. Basteln		
57. Gymnastik machen		
58. Einen Gymnastikkurs besuchen		
59. Briefmarken sammeln		
60. Schreinern		
61. Möbel restaurieren		
62. Fotografieren / Film- oder Videoaufnahmen machen		
63. Fotos oder Dias sortieren		
64. Im Fotoalbum blättern		
65. Im Hobbykeller arbeiten		
66. Etwas reparieren oder renovieren		
67. Etwas Neues lernen (z. B. eine Fremdsprache)		
68. Einen Kurs an der Volkshochschule belegen		
69. Eine Fremdsprache sprechen		
70. Sich um Zimmerpflanzen kümmern		
71. Am Auto herumbasteln		

	H	A
72. Das Auto waschen		
73. Mit dem Auto spazierenfahren		
74. Motorradfahren		
75. Im Garten arbeiten		
76. Sich im Freien aufhalten		
77. In der Sonne sitzen		
78. Ein Feuer anzünden und beobachten		
79. Den Himmel, die Wolken, ein Gewitter, einen Sonnenuntergang beobachten		
80. Den Geräuschen in freier Natur zuhören		
81. Tiere in freier Natur beobachten (Vögel, Schmetterlinge, usw.)		
82. Barfuß laufen		
83. Die Wohnung aufräumen		
84. Putzen		
85. Staubsaugen		
86. Wäsche waschen, aufhängen, bügeln		
87. In den Supermarkt gehen		
88. Eine große Anschaffung machen (neues Auto kaufen, usw.)		
89. Finanzielle Angelegenheiten regeln		
90. Zum Arzt gehen		
91. Etwas für seine Gesundheit tun		
92. Fernsehen		
93. Radio hören		
94. Mit dem Hund Gassi gehen		
95. Sich mit Haustieren beschäftigen		
96. Briefe oder Postkarten schreiben		
97. Post erhalten		
98. Sich literarisch betätigen		
99. Tagebuch schreiben		
100. Die Zeitung lesen		
101. Ein politisches Magazin lesen		
102. Eine Frauenzeitschrift lesen		
103. Eine Sportzeitschrift lesen		
104. Einen Liebesroman lesen		
105. Einen Krimi lesen		
106. Ein Sachbuch lesen		
107. Landkarten studieren		
108. Sonstige Literatur lesen		
109. Musik hören		
110. Ein Instrument spielen		
111. In einer Musikgruppe spielen		
112. In einem Chor singen		
113. Singen		
114. Schauspielerisch tätig sein		
115. In die Kirche gehen		

	H	A
116. Zu Gemeindeveranstaltungen gehen		
117. Sich über Religion oder Philosophie unterhalten		
118. Beten		
119. Den Friedhof besuchen		
120. Ein gutes Essen kochen		
121. Gut essen		
122. Ein neues Rezept ausprobieren		
123. Mit Freunden oder Bekannten essen gehen		
124. Lebensmittel einmachen, einfrieren		
125. Grillen		
126. Ein Picknick machen		
127. Naschen		
128. Etwas Gutes trinken		
129. Rauchen		
130. Nachts tief und fest schlafen		
131. Ein Nickerchen machen		
132. Lange aufbleiben		
133. Früh aufstehen		
134. Ausschlafen		
135. Ein Bad nehmen		
136. Duschen		
137. Sich die Haare waschen		
138. Sich kämmen oder bürsten		
139. Zähne putzen		
140. Zum Friseur gehen		
141. Massiert werden		
142. Jemanden massieren		
143. Sich pflegen (eincremen, rasieren, usw.)		
144. Sich schminken		
145. Parfüm benutzen		
146. Leger gekleidet sein		
147. Bequeme Kleidung tragen		
148. Elegante Kleidung tragen		
149. Neue Kleidung tragen		
150. Ein Kompliment bekommen		
151. Gelobt werden		
152. Gesagt bekommen, daß man gemocht wird		
153. Küssen		
154. Schmusen		
155. Sexuelle Befriedigung haben		
156. Sich selbst loben		
157. Jemanden anderen toben		
158. Jemandem ein Kompliment machen		
159. Ein Geschenk erhalten		

	H	A
160. Einen Kranken besuchen		
161. Hilfe oder einen Ratschlag erhalten		
162. Jemandem einen Gefallen tun		
163. Jemandem eine Freude bereiten		
164. Jemandem ein Geschenk machen		
165. Seiner Familie etwas kaufen		
166. Jemandem helfen oder einen Ratschlag geben		
167. Jemanden anlächeln		
168. Mit jemandem ein Schwätzchen halten		
169. Mit jemandem diskutieren		
170. Eine offene und ehrliche Unterhaltung führen		
171. Mit jemandem streiten und gewinnen hervorgehen		
172. Jemanden kritisieren		
173. Über seine Gesundheit sprechen		
174. Über Krankheiten sprechen		
175. Jemandem die Meinung sagen		
176. Einem Besserwisser die Meinung sagen		
177. Einen Neunmalklugen hereinlegen		
178. Über frühere Zeiten sprechen		
179. Sich über Politik unterhalten		
180. Sich über Sport unterhalten		
181. Jemandem eins auswischen		
182. Über jemanden lästern		
183. Witze erzählen		
184. Witze anhören		
185. Wetten		
186. Eine Rede oder einen Vortrag halten		
187. Jemanden necken oder einen Streich spielen		
188. Zu Klassen- / Alterstreffen gehen		
189. Alte Freunde wiedertreffen		
190. Eine lebhafte Unterhaltung führen		
191. Über seine Kinder oder Enkel sprechen		
192. Jemand Neues kennenlernen		
193. Mitglied in einem Verein sein/werden (Kegelklub, Freiwillige Feuerwehr, usw.)		
194. Vorsitzender eines Vereins sein/werden		
195. Zu Versammlungen von gemeinnützigen oder sozialen Vereinen gehen		
196. Mit Freunden / Bekannten zusammensein		
197. Mit meinem Partner zusammensein		
198. Mit meiner Familie zusammensein		
199. Mit meinen Enkelkindern spielen		
200. Mit Kindern zusammensein		
201. Andere Menschen beobachten		
202. Andere Menschen besuchen		

	H	A
203. Besuch bekommen		
204. Leute miteinander bekannt machen		
205. Fröhlich sein, gute Stimmung verbreiten		
206. Lachen		
207. Eine Aufgabe gut durchführen		
208. Einen Erfolg feiern		
209. Sich mit jemandem verabreden		
210. Über sich oder seine Probleme nachdenken		
211. Nur so herumsitzen u. über etwas nachdenken		
212. Positive Zukunftspläne schmieden		
213. Über Leute nachdenken, die man mag		
214. Tagträumen		
215. Etwas planen oder organisieren		
216. Sich einen Wunsch erfüllen		
217. Sich etwas Schönes kaufen		
218. Ausflüge oder den Urlaub planen		
219. Camping machen		
220. Eine Busreise / Gruppenreise machen		
221. Mit dem Zug fahren		
222. Mit dem Flugzeug fliegen		
223. Ein Dickkopf sein		
224. Ein persönliches Problem lösen		
225. In Urlaub fahren		
226. Sich politisch betätigen		
227. Erkundungsgänge machen/ die eigene Umgebung besser kennenlernen		
228. Eine originelle Idee haben		
229. Berühmte Leute sehen		
230. Ein Rendezvous haben		
231. Sich erfolgreich um einen Job bewerben		
232. Telefonieren		
233. Mit jemandem derselben Meinung sein		
234. Meditation oder Yoga betreiben		
235. In eine Bibliothek gehen		
236. Einen Wettbewerb gewinnen		

Sitzung 2: Wie unsere Gedanken die Stimmung beeinflussen/ Lernen, die Gedanken zu verändern (I)

Inhalt
Gedanken, Handlungen und Gefühle beeinflussen sich gegenseitig. Heute werden wir bei den Gedanken ansetzen und Möglichkeiten aufzeigen, wie die Gedanken die Stimmung günstig beeinflussen können.   – Kognitive Strategien zur Erkennung und Bearbeitung depressionsfördernder Gedanken   – Typische Denkfehler   – Techniken zur Steigerung positiver und Verminderung negativer Gedanken   – Kurzentspannung

1. Wiederholung

– Depression, Soziale Lerntheorie, Selbstkontrolle
– Das tägliche Stimmungsprotokoll
– Welche Erfahrungen haben Sie beim Ausfüllen gemacht?

2. Gedanken beeinflussen die Stimmung

Unsere Gedanken haben einen beträchtlichen Einfluss auf unsere Stimmung. Gedanken machen es mehr oder weniger wahrscheinlich, ob wir uns niedergeschlagen fühlen.

3. An Gedanken arbeiten: Vor- und Nachteile

Vorteile:
– Gedanken haben wir immer
– Gedanken sind unsere „innere Umgebung"
– Wir können immer mit ihnen arbeiten
– Gedanken stehen hauptsächlich unter unserer eigenen Kontrolle
– Niemand anderes außer Ihnen kann die Art, wie Sie denken, direkt ändern

Nachteile:
– Gedanken laufen scheinbar automatisch ab
– Man nimmt sie schnell als erwiesen oder richtig hin
– Niemand kann Ihre Gedanken beobachten: Sie selbst müssen Ihre Gedanken beurteilen und überlegen, was Sie daran ändern möchten

Unter Gedanken verstehen wir *„Sätze, die wir zu uns selbst sagen"*

4. Verschiedene Arten von Gedanken

a. *Konstruktive* versus *Destruktive* Gedanken
Konstruktives Denken baut auf. Beispiel: „Ich kann lernen, mein Leben angenehm zu gestalten"
Destruktives Denken ist zerstörerisch. Beispiel: „Ich bin zu nichts gut", „Für mich wird sich nichts zum Guten wenden"

b. *Notwendiges* versus *unnötiges* Denken
Notwendiges Denken hilft, das zu tun, was Sie tun müssen. Beispiel: „Ich muss dran denken, Benzin zu tanken".
Unnötiges Denken verändert überhaupt nichts (ganz gleich, wie viel Sie denken). Beispiel: „Es kann jeden Tag eine Naturkatastrophe passieren"

c. *Positives* versus *Negatives* Denken
Positives Denken hilft, sich besser zu fühlen. Beispiel: „Die Dinge sind im Moment wirklich hart, aber zumindest tue ich etwas dagegen".
Negatives Denken lässt Sie sich schlechter fühlen. Beispiel: „Es hat keinen Sinn".

5. Typische Denkfehler

Typische Denkfehler, die wir machen, wenn wir uns niedergeschlagen oder depressiv fühlen:

a. *Übertreibungen:* Probleme und deren mögliche Folgen übertreiben und die eigenen Fähigkeiten, mit diesen Problemen umgehen zu können, zu unterschätzen
b. *negative Verallgemeinerungen:* „Keiner liebt mich", „nie gelingt mir etwas"
c. *das Positive ignorieren:* Nur negative Ereignisse einprägen und erinnern

d. *Pessimismus:* Davon überzeugt sein, dass wahrscheinlich eher negative als positive Dinge eintreten werden

e. *Selbstvorwürfe:* Negative Dinge, die geschehen, immer und ausschließlich der eigenen Schuld zuschreiben

f. *Eigenes Tun nicht würdigen:* Positive Dinge, die geschehen, immer auf Glück oder das Tun anderer zurückführen, und nie auf das Ergebnis eigener Anstrengungen

Diese und andere typische Denkfehler beinhalten Selbstzweifel, Abwertungen der eigenen Person und eine negative Sicht der Lebenssituation und der Zukunft.

Sie laufen häufig automatisch ab und sind unangemessen, aber erscheinen uns als wahr oder plausibel, wenn wir uns depressiv fühlen.

6. Gedanken ermitteln

Denken Sie an Gedanken, die Sie während der letzten vier Wochen hatten:

– Passen sie in eine der oben genannten Kategorien?
– Denken Sie an Menschen, die Sie kennen. An die Art, wie sie reden. Welche Art von Gedanken scheinen sie zu haben? – Denken Sie an einige positiv-denkende und einige negativ-denkende Menschen.

7. Gedanken sammeln – wichtige Gedanken während des Tages verfolgen

„Wichtige" Gedanken beeinflussen Ihre Stimmung, entweder in positive oder in negative Richtung

– Benutzen Sie täglich eine andere Karteikarte (DIN A 6). Beschriften Sie diese mit dem jeweiligen Datum.
– Schreiben Sie wichtige Gedanken auf, z.B. beim Frühstück, Mittagessen, Abendessen, und bevor Sie zu Bett gehen.
– Schreiben Sie auf die eine Seite Gedanken, von denen Sie merken, daß diese Ihre Stimmung beeinträchtigen („-"), und auf die andere Seite solche, die Ihre Stimmung verbessern („+").

8. Möglichkeiten, Gedanken zu ändern

8.1 Techniken zur Steigerung positiver Gedanken

a. Pumptechnik

Um eine Wasserpumpe zum Arbeiten zu bringen, muss man von außen Wasser zuführen. Wenn man sich schlecht fühlt, ist es schwierig, automatisch positive Dinge zu denken. Hier ist es hilfreich, positive Aussagen über sich selbst und sein Leben verfügbar zu haben.

Bei der Pumptechnik nehmen Sie mehrere Karteikarten und schreiben auf jede einen positiven Gedanken. Ziehen Sie über den Tag hinweg immer wieder eine Karte und lesen Sie den Gedanken aufmerksam, um sich immer wieder daran zu erinnern, dass Sie gute und nette Eigenschaften haben, und dass es schöne Dinge im Leben gibt. Wenn Ihnen neue positive Gedanken einfallen, notieren Sie diese auf weiteren Karten. Mischen Sie in den Stapel auch leere Karten. Immer wenn Sie eine leere Karte ziehen, lassen Sie sich schnell etwas Positives einfallen!

b. Signal-Technik

Bei der Signal-Technik koppeln Sie positive Gedanken über sich und Ihr Leben an Tätigkeiten, die Sie häufig durchführen. So werden z.B. Zähneputzen, in den Spiegel schauen, ins Auto steigen, usw. zum Signal, etwas Positives zu denken. Sie können auch bunte Aufkleber verwenden, die Sie an ganz verschiedenen Stellen positionieren, an denen Sie häufig vorbeikommen. Immer wenn Sie einen solchen Aufkleber sehen, denken Sie etwas Positives!

c. Selbstbelohnung

Mit das Netteste, was andere Menschen tun, ist, uns Komplimente auszusprechen für Dinge, die wir gut machen. Wir mögen es, wenn andere anerkennen, was wir – vielleicht unter großer Anstrengung – geleistet haben.

Wir tun jedoch oft Dinge, die andere gar nicht bemerken. Damit wir uns besser fühlen, ist es hilfreich, wenn *wir selbst* unsere Leistungen anerkennen und uns dafür „auf die Schulter klopfen". Viele Menschen mit depressiver Stimmung würdigen die Dinge nicht, die sie tun. Viele bemerken nicht einmal, was sie eigentlich den Tag über alles leisten.

Gedankliche Selbstbelohnung kann sein, sich zu sagen: „Das habe ich gut gemacht!", oder: „Ich bin eine gute Mutter oder ein guter Vater, ich sorge wirklich gut für meine Kinder", oder: „Ich lerne, mein Leben besser zu steuern"

8.2 Techniken zur Verminderung negativer Gedanken

a. Gedanken-Unterbrechung

Es gibt Zeiten, in denen wir von bestimmten negativen Gedanken nicht mehr loskommen, die uns den ganzen Tag hindurch belästigen und dazu führen, daß wir uns schlecht fühlen. Um solche Gedanken zu unterbrechen, gibt es einige Techniken.

- Eine ist, sich in Gedanken das Wort „Stop" zu sagen und die Aufmerksamkeit dann bewusst auf einen positiven Gedanken zu richten (*„Gedanken-Stop"*).
- Eine weitere ist, sich zu sagen „Dieser Gedanke ruiniert meine Stimmung. Ich werde jetzt an etwas anderes denken".
- Eine dritte Möglichkeit (vor allem, wenn es sich um einen „notwendigen" Gedanken handelt, mit dem Sie sich später auseinandersetzen müssen) ist, den Gedanken aufzuschreiben und zu einer späteren (geplanten) Zeit darüber nachzudenken.

b. Sorgenstunde

Notwendige Gedanken kann man nicht einfach ignorieren. Andererseits: Ständig in Gedanken über ein Problem zu grübeln, führt in der Regel nicht dazu, das Problem zu lösen, sondern kann all Ihre Energie und Aufmerksamkeit aufbrauchen, so dass es Ihnen allmählich auch in anderen Lebensbereichen schlecht geht.

Dies kann verhindert werden, indem Sie sich bewusst eine bestimmte Zeit am Tag einrichten, in der Sie nichts anderes tun, als Ihre gesamte Aufmerksamkeit dem Problem zu widmen, das Sie belastet. Wählen Sie dafür einen ruhigen Ort und legen Sie eine bestimmte Zeitperiode fest (maximal 30 Minuten, länger kann man nicht produktiv über ein Problem nachdenken!). Tun Sie nichts anderes während dieser Zeit (nicht sprechen, lesen, essen, schlafen etc.), sondern konzentrieren Sie sich auf das Problem, und versuchen Sie, eine Lösung zu finden. Zu jeder anderen Tageszeit wenden Sie die „Gedankenunterbrechung" (siehe oben) an, um die störenden Gedanken zu verschieben, bis Sie ihnen in der Sorgenstunde Ihre volle Aufmerksamkeit widmen können.

c. Aufblasetechnik

Bei dieser Technik wird ein beunruhigender negativer Gedanke so übertrieben („aufgeblasen"), dass er lächerlich wirkt. Wenn Sie sich z. B. ohne guten Grund ständig darüber sorgen, kein guter Mensch zu sein, könnten Sie sich vorstellen, dass Ihr Bild in der Zeitung erscheint mit der Unterschrift: „Dies ist ein schlechter Mensch". Diese Technik ist erfolgreich, wenn Sie den negativen Gedanken so übertreiben können, dass er lächerlich und lustig wirkt. Wenn Sie über ein solches geistiges Bild schmunzeln können, hat es gewirkt! Der Punkt ist hier, dass „sich Beunruhigen" über bestimmte Probleme diese nicht löst. Das Beste ist, mit dem Grübeln aufzuhören, und, wenn etwas getan werden kann, dies zu tun. BEACHTEN SIE: Wenden Sie diese Technik *nicht* an bei Sorgen um Dinge, die tatsächlich so schlimm werden könnten, wie Sie sich nur vorstellen können.

d. Das Schlimmste, was passieren könnte

Diese Technik beruht nicht auf Humor. Hier geht es darum, sich das „Schlimmste" vorzustellen, was tatsächlich passieren könnte, wenn Ihre Angst wahr werden würde. Angenommen, Sie haben z. B. große Angst davor, einen bestimmten Termin nicht einhalten zu können, und diese Angst ist so groß, dass sie Ihre Vorbereitungen stört. Dann könnten Sie sich denken, dass das Schlimmste, was passieren kann, ist, dass vielleicht jemand eine Zeitlang verärgert über Sie sein wird. Wenn Sie sich diesen Gedanken mehrmals durch den Kopf gehen lassen, kann er Ihnen helfen, ruhiger zu werden, und damit auch wieder besser arbeiten zu können.

e. Zeitverschiebung

Manchmal, wenn wir uns depressiv fühlen, denken wir, die Dinge sind schrecklich und werden niemals enden. Wir haben das Gefühl, hinter einem dicken, schweren Vorhang gefangen zu sein, der die Zukunft verhüllt. Hier ist es hilfreich, den Vorhang zu öffnen, und uns gedanklich in die

Zukunft zu versetzen, in der die Dinge wieder besser sein werden. Wir alle hatten schon Zeiten, in denen wir dachten, wir würden niemals über eine Verletzung, einen Schmerz, oder ein Leid hinwegkommen. Jedoch: wir haben diese schlimmen Zeiten überstanden. Auch wenn bestimmte Erinnerungen für uns noch mit Schmerz verbunden sind, läßt der Schmerz doch über die Zeit nach. Die Zeitperspektive akzeptiert den gegenwärtigen Schmerz und gibt den Blick frei auf eine befriedigendere Zukunft.

9. Selbstinstruktionen

Beachten Sie: Zu sich selbst zu sprechen, kann sehr hilfreich sein. Wir alle tun es. Es ist, als hätte man einen Trainer zur Seite (oder einen guten Freund/eine gute Freundin!), der Anweisungen gibt. Sie können sich damit z. B. motivieren, die oben aufgeführten Techniken einzusetzen.

10. Vom Kurs zu den Hausaufgaben

1. Setzen Sie Ihr tägliches Stimmungsprotokoll fort (**M2**)
2. Lernen, sich zu entspannen: Üben Sie ein- oder zweimal täglich Kurzentspannung
3. Notieren Sie Ihre Gedanken. Benutzen Sie jeden Tag eine andere DIN A 6 Karte und beschriften Sie diese mit dem jeweiligen Datum. Kennzeichnen Sie die eine Seite der Karte mit „+" (für positive Gedanken), die andere mit „-" (für negative Gedanken). Auf diese Weise lernen Sie, beide Arten von Gedanken zu unterscheiden.
   Bringen Sie die Karten zur nächsten Sitzung mit, damit wir die Gedanken diskutieren können, die Sie häufig denken (Gedanken, die für Sie zu persönlich sind, brauchen Sie natürlich nicht einzubringen).
4. Suchen Sie sich je eine Technik zur Vermehrung positiver Gedanken und eine zur Verminderung negativer Gedanken aus und üben Sie diese täglich. Wir werden Ihre Erfahrungen damit in der nächsten Sitzung besprechen.

Sitzung 3: Lernen, die Gedanken zu verändern (II)

Inhalt
Heute werden wir noch einmal bei den Gedanken ansetzen und weitere Möglichkeiten aufzeigen, wie die Gedanken die Stimmung günstig beeinflussen können. – Irrationale Überzeugungen – Ein Ansatz für konstruktives Denken nach Ellis – Kurzentspannung

1. Wiederholung:

– Gedanken wirken sich auf die Stimmung aus
– Sie können Ihre Gedanken dazu einsetzen, Ihre Stimmung gezielt zu beeinflussen
– Das tägliche Stimmungsprotokoll
– Notieren Sie die Anzahl positiver und negativer Gedanken neben Ihrem täglichen Stimmungswert: Sehen Sie einen Zusammenhang zwischen Ihrer Stimmung und der Zahl Ihrer positiven oder negativen Gedanken?
– Eingesetzte Techniken zur Erhöhung positiver und zur Verminderung negativer Gedanken – Ihre Erfahrungen damit
– Verschiedene Arten von Gedanken, die wir erkennen sollten

2. Ungünstige Überzeugungen, die uns unglücklich machen können

Solche Überzeugungen sind z. B.:

– man muss von jedem wichtigen Menschen im Umfeld geliebt werden und von ihm Zustimmung bekommen
– wenn jemand sich schlecht oder unfair benimmt, dann sollte man ihn dafür tadeln oder bestrafen. Denn er ist ein schlechter oder verdorbener Mensch
– es ist schlimm, wenn die Dinge nicht so sind, wie man sie gerne haben möchte
– man sollte sich über Ereignisse, die ungewiss oder möglicherweise gefährlich sind, ständig große Sorgen machen
– man ist wertlos, wenn man nicht in jeder Hinsicht kompetent und erfolgreich und jeder Situation stets gewachsen ist
– für jedes menschliche Problem gibt es nur eine richtige und perfekte Lösung, und es ist schlimm, wenn man diese Lösung nicht findet
– es ist einfacher, Schwierigkeiten und Verant-

wortungen aus dem Weg zu gehen, als sich mit ihnen auseinanderzusetzen
– man braucht jemanden, der stärker ist, auf den man sich stützen und verlassen kann
– Unglücklichsein hat äußere Ursachen, man hat deshalb wenig Einfluss auf seinen Kummer und seine Probleme
– man sollte sich über die Probleme und Schwierigkeiten anderer Menschen ständig aufregen
– die Ursache von Problemen liegen in der eigenen Vergangenheit. Weil vergangene Ereignisse einen starken Einfluss auf mich ausgeübt haben, werden sie das auch in Zukunft tun.

3. Ein Ansatz für konstruktives Denken: Die A-B-C-D Methode

Neben den bereits besprochenen und eingeübten Techniken zur hilfreichen Veränderung von Gedanken, bietet die folgende Technik (ABCD-Methode) eine weitere Möglichkeit, Gedanken konstruktiv zu verändern. Diese Technik ist besonders geeignet für Menschen, die dazu neigen, auf unerfreuliche Ereignisse oder Schwierigkeiten übermäßig negativ zu reagieren. Das Ziel besteht in einer Veränderung der Art und Weise, wie wir über Probleme und Schwierigkeiten denken.

Unerfreuliche Ereignisse sind z. B.: von jemandem abgelehnt werden, von jemand kritisiert werden, das Gefühl, nicht anerkannt oder gemocht zu werden, Misserfolg zu haben, Fehler zu machen, usw.

Auch hier ist der Grundsatz: Wie Sie denken und wie Sie fühlen, hängt stark voneinander ab. Nicht immer führt das, was in einer Situation tatsächlich passiert ist, zu negativen Gefühlen, sondern das, was Sie sich darüber sagen (was Ihnen dabei an Gedanken durch den Kopf geht). Solche bewertenden Gedanken entscheiden darüber, ob Sie nach einem unerfreulichen Ereignis ein übermäßig negatives Gefühl haben, oder aber, ob Sie gut damit zurechtkommen. Häufig stehen hinter diesen bewertenden Gedanken eine oder mehrere der oben aufgeführten Überzeugungen, die uns unglücklich machen.

A ist das **A**uslösende Ereignis
B ist die **B**ewertung des Ereignisses oder innere Selbstgespräche (was Sie sich selbst über das Ereignis sagen)
C ist die gefühlsmäßige **C**onsequenz (Folge, Auswirkung)
D ist die Art und Weise, wie Sie mit Ihren Bewertungen und Überzeugungen konstruktiv **d**iskutieren sollten

Beispiel:

A: Jemand sagt, dass die Suppe versalzen ist, die Sie gekocht haben

C: Sie beginnen, sich schrecklich zu fühlen – und der Rest des Abends ist ruiniert

Fragen Sie sich, ob hier eine Überzeugung oder Bewertung hereinspielt, die dazu führt, dass Sie sich so schrecklich fühlen. Das, was die Person sagt, kann es nicht sein. Es muss etwas sein, was Sie sich *zusätzlich* in dieser Situation sagen. Solche ungünstigen Gedanken könnten sein:

B: „Es ist schrecklich, dass die Person die Suppe nicht mag"
„Es ist absolut notwendig, dass ich von dieser Person anerkannt werde, die das gesagt hat"
„Ich sollte niemals einen Fehler machen"
„Ich muß in jeder Hinsicht erfolgreich sein, um ein wertvoller Mensch zu sein"
„Dass ich mich so unglücklich fühle, ist durch die versalzene Suppe verursacht"
„Ich bin meinen Gefühlen ausgeliefert, und habe keine Kontrolle darüber, wie ich mich den Rest des Abends fühlen werde"

Solche negativ bewertende Gedanken erkennt man, indem man in schwierigen Situationen auf seine Gedanken achtet! Es gibt drei recht zuverlässige Hinweise für nicht-konstruktive Bewertungen/Selbstgespräche:

1. Stark bewertende Wörter: „Ich sollte, ich muss, ich müsste ..."
2. Katastrophenwörter: „Es ist schrecklich, furchtbar ..."
3. Starke Verallgemeinerungen: „Ich werde nie ..., keiner wird mich jemals ..."

Sobald Sie herausgefunden haben, *welche* Gedanken oder Überzeugungen Ihre schlechte Stimmung verursacht haben, können Sie diese in einem konstruktiven Selbstgespräch *hinterfragen*. Diskutieren Sie z. B.:

D: – „Es ist keine absolute Notwendigkeit, dass diese Person mein Kochen anerkennt"
– „Auch wenn ich kein guter Koch bin, bedeutet das *nicht*, dass ich kein wertvoller Mensch bin. Außerdem: nur weil diese Suppe versalzen ist, heißt das noch lange nicht, dass ich kein guter Koch bin. Jeder macht mal einen Fehler"
– „Es wäre schön gewesen, wenn die Suppe nicht versalzen wäre. Aber es ist nicht schrecklich und keine Katastrophe, dass sie versalzen ist"
– „Die Suppe ist versalzen, das ist eine Tatsache. Ob ich mich gut oder schlecht fühle, hängt davon ab, was ich mir darüber sage. Wenn ich mir sage, dass dies eine Kleinigkeit ist, die wir nächste Woche schon vergessen haben, kann ich den Rest des Abends genießen"

Das Ziel dieser Diskussion ist, die negativen Bewertungen der Situation durch angemessene und realistische zu ersetzen, um damit die negativen Gefühle in einem vernünftigen Rahmen zu halten.

Beachten Sie jedoch: Menschen können nicht stets glücklich und zufrieden sein. Diese Methode soll keinen „Roboter" aus Ihnen machen, der ohne jegliche Gefühle auf unangenehme Ereignisse reagiert. Da wir Menschen sind, werden wir uns weiterhin bei bestimmten Erlebnissen verletzt, traurig, verärgert oder enttäuscht fühlen, ebenso wie wir uns glücklich und freudig fühlen, wenn etwas Angenehmes geschieht. Die ABCD-Methode soll uns dabei helfen, dass wir mit Schwierigkeiten im Leben besser umgehen können.

4. Ein Argument für Optimismus

Ein Unterschied zwischen Menschen, die dazu tendieren, sich depressiv zu fühlen, und anderen besteht darin, dass depressive Menschen häufig weniger optimistisch sind als nicht depressive Menschen.
Ob jemand Optimist oder Pessimist sein *möchte*, beruht natürlich auf der eigenen Wahl. Häufig bestimmen jedoch die oben angeführten ungün-

stigen „Glaubenssätze", ob wir optimistisch oder pessimistisch denken. Diese gilt es dann zu hinterfragen!

Einige Dinge sprechen dafür, optimistisch zu denken. Ein Optimist glaubt, dass die Chancen gut sind, dass etwas Positives eintritt. Dieser Glaube kann die Chancen erhöhen, dass tatsächlich Positives eintritt. Dies ist nicht auf Magie zurückzuführen, sondern leitet sich aus dem gesunden Menschenverstand ab.

Optimismus erhöht die Chancen, ein Ziel zu erreichen. Pessimisten vermindern dagegen ständig ihre Chancen, indem sie sich die Motivation nehmen, etwas zu tun.

Erinnern Sie sich an den Zusammenhang zwischen Gedanken, Handlungen und Gefühlen. Die Art, wie Sie denken, beeinflusst, was Sie tun, und wie Sie sich fühlen. Alles hängt zusammen!

5. Vom Kurs zu den Hausaufgaben

1. Führen Sie das tägliche Stimmungsprotokoll weiter (**M2**)

2. Bearbeiten Sie im Verlauf der Woche drei verschiedene Situationen auf den beiliegenden Arbeitsblättern (**M4**) nach der ABCD-Methode.

   - Notieren Sie das unerfreuliche Ereignis (**A**).
   - Danach tragen Sie das Gefühl ein, das Sie in dieser Situation hatten (**C**).
   - Als nächstes schreiben Sie Ihre bewertenden Gedanken, die Sie in der Situation hatten, in die mittlere Spalte (**B**).
   - Überlegen Sie dann neue, konstruktive Gedanken, die Sie sich in der Situation hätten sagen können (**D**).
   - Notieren Sie diese neuen Gedanken (**D**) und das daraus folgende Gefühl (**E**) in die entsprechenden Spalten.

3. Bringen Sie diese Aufzeichnungen zur nächsten Stunde wieder mit, damit wir Ihre Erfahrungen damit besprechen können.

M 4   Die A-B-C-D Methode

A

Auslösendes
Ereignis

B

Bewertender
Gedanke

C

Gefühl

gleiches Ereignis
wie oben

D

neue konstruktive
Gedanken

E

neues Gefühl

M 4   Die A-B-C-D Methode

A

Auslösendes
Ereignis

_____

_____

_____

_____

_____

_____

_____

_____

B

Bewertender
Gedanke

_____

_____

_____

_____

_____

_____

_____

_____

C

Gefühl

_____

_____

_____

_____

_____

_____

_____

_____

gleiches Ereignis
wie oben

_____

_____

_____

_____

_____

_____

_____

_____

D

neue konstruktive
Gedanken

_____

_____

_____

_____

_____

_____

_____

_____

E

neues Gefühl

_____

_____

_____

_____

_____

_____

_____

_____

M 4   Die A-B-C-D Methode

A

Auslösendes
Ereignis

B

Bewertender
Gedanke

C

Gefühl

gleiches Ereignis
wie oben

D

neue konstruktive
Gedanken

E

neues Gefühl

Sitzung 4: Wie unsere Aktivitäten die Stimmung beeinflussen

Inhalt
Unser heutiges Thema sind die angenehmen Tätigkeiten in unserem Alltag und deren Wirkung auf unsere Stimmung. Sie erinnern sich an unser Dreieck, in dem sich Denken, Handeln und Fühlen gegenseitig beeinflussen. Heute und die nächsten Sitzungen wollen wir vor allem am Punkt „Handeln" arbeiten. – Depressive Spirale – Aufbau und Planung ausgleichender Tätigkeiten – Kurzentspannung

1. Wiederholung:

– Das tägliche Stimmungsprotokoll (**M2**)
– Die ABCD-Methode –Ihre Erfahrungen damit (**M4**)

2. Zusammenhang zwischen Stimmung und angenehmen Tätigkeiten

Je weniger angenehme Tätigkeiten wir durchführen, *desto depressiver* fühlen wir uns.
Die große Frage: Bewirkt eine niedrige Zahl angenehmer Tätigkeiten depressive Gefühle – oder bewirken depressive Gefühle, dass wir weniger unternehmen? Vermutlich trifft beides zu. Viele Dinge beeinflussen sich gegenseitig.
Man kann sich das als eine Art Teufelskreis oder *depressive Spirale* vorstellen: Je weniger wir unternehmen, desto depressiver fühlen wir uns; je depressiver wir uns fühlen, desto weniger tun wir, was uns nur noch depressiver macht, usw.
Glücklicherweise gibt es auch eine *positive Spirale:* Je mehr wir unternehmen, desto besser fühlen wir uns, und je besser wir uns fühlen, desto eher unternehmen wir etwas.
Die Anzahl angenehmer Tätigkeiten, die man braucht, um sich gut zu fühlen, ist jedoch von Mensch zu Mensch verschieden.
Wir können die positive Spirale dazu nutzen, unsere Stimmung positiv zu beeinflussen:
Es ist schwierig, sich einfach selbst zu sagen: „fühl dich gut", – d. h., sich einfach anzuweisen, seine Gefühle zu ändern.
Es ist leichter, sich zu ermuntern, etwas Angenehmes zu tun und es auszuführen. Dies wird sich dann wiederum positiv auf die Stimmung auswirken. Der Schlüssel hierbei ist: die Stimmung über das Handeln (angenehme Tätigkeiten) positiv zu beeinflussen, da es schwierig ist, die Stimmung direkt zu beeinflussen.

3. Was sind angenehme Tätigkeiten?

Angenehme Tätigkeiten sind von Mensch zu Mensch sehr verschieden. Etwas, das von einer Person als angenehm empfunden wird, mag für jemand anderes neutral oder unangenehm sein.

Beispiele für angenehme Tätigkeiten/Ereignisse:

allein sein	einen Brief schreiben
Fernsehen	küssen
jemandem helfen	einkaufen gehen
die Natur betrachten	etwas Neues lernen

Angenehme Tätigkeiten müssen nicht unbedingt *besondere* Ereignisse sein (obwohl sie es sein können). Meist sind es ganz *alltägliche Aktivitäten.*

4. Stimmung stabilisieren

Um Ihre Stimmung auf einem guten Niveau zu halten, sollten Sie ein *ausreichendes Maß an angenehmen Tätigkeiten* ausführen.
Manchmal fällt es uns schwer, uns an Aktivitäten zu erinnern, die angenehm für uns sind, besonders wenn wir sie lange nicht getan haben. Wenn wir niedergeschlagen sind, fällt es uns noch schwerer, uns an angenehme Dinge zu erinnern.
Damit man sich an eigene angenehme Aktivitäten wieder erinnern kann, gibt es die „*Liste angenehmer Tätigkeiten*". In dieser Liste finden sich Tätigkeiten, die von vielen Menschen als angenehm erlebt werden. Natürlich gilt auch hier: was als angenehm empfunden wird, ist von Mensch zu Mensch unterschiedlich.

5. Erstellung der persönlichen Liste angenehmer Tätigkeiten

Besprechen der „Liste angenehmer Tätigkeiten" (**M3**) und Erstellung der „persönliche Liste angenehmer Tätigkeiten" (**M5**).

6. Vom Kurs zu den Hausaufgaben

1. Das tägliche Stimmungsprotokoll (**M2**)
2. – Notieren Sie am Ende jeden Tages Ihre durchgeführten angenehmen Aktivitäten in Ihrer „persönlichen Liste angenehmer Aktivitäten" (**M5**)
   – Schreiben Sie die Gesamtzahl der angenehmen Ereignisse pro Tag ans Ende der Liste.
   – Übertragen Sie auch Ihren täglichen Stimmungswert aus dem Stimmungsprotokoll (**M2**) an das Ende der Liste.
3. Tun Sie dies zwei Wochen lang. Bringen Sie Ihre Liste zu den nächsten Sitzungen mit, damit wir sehen können, ob es einen Zusammenhang zwischen Ihren angenehmen Aktivitäten und Ihrer Stimmung gibt.

M5 Persönliche Liste angenehmer Tätigkeiten

Tätigkeiten	Tage 1–28 Wochentage	1	2	3	4	5	6	7	8	9	10	11	12	13	14	15	16	17	18	19	20	21	22	23	24	25	26	27	28
1.																													
2.																													
3.																													
4.																													
5.																													
6.																													
7.																													
8.																													
9.																													
10.																													
11.																													
12.																													
13.																													
14.																													
15.																													
16.																													
17.																													
18.																													
19.																													
20.																													
21.																													
22.																													
23.																													
24.																													
25.																													
26.																													
27																													
28.																													
29.																													
30.																													
Tages-Gesamtsumme:																													
Tages-Stimmungswert:																													

Aus: Herrle & Kühner: Depression bewältigen (1994).

Sitzung 5: Angenehme Aktivitäten steigern

Inhalt
Heute setzen wir im Verhaltensdreieck, in dem sich Denken, Handeln und Fühlen gegenseitig beeinflussen, noch einmal am Punkt „Handeln" an. Wie beeinflusst das Handeln unsere Stimmung? Insbesondere geht es um: – Gründe, die angenehme Tätigkeiten und Erfahrungen erschweren – Steigerung angenehmer Tätigkeiten – Kurzentspannung

1. Wiederholung:

– Das tägliche Stimmungsprotokoll (**M2**)
– Die persönliche Liste angenehmer Tätigkeiten (**M5**)
– Wie waren Ihre Erfahrungen mit dieser Liste?
– Sind Aktivitäten in der Liste, die Sie gerne öfter durchführen möchten?
– Gab es Probleme, Zeit für angenehme Aktivitäten zu finden?

2. Gründe, die angenehme Tätigkeiten und Erfahrungen erschweren

a. Sie haben zu viele *Pflichten*
In Ihrem Alltag überwiegen Tätigkeiten, die Sie als unangenehm oder neutral empfinden. Sie sind unter Zeitdruck, weil Sie diesen Verpflichtungen nachkommen möchten. Dadurch haben Sie wenig Zeit für angenehme Tätigkeiten.
Mögliche Lösung: Verbessern Sie Ihre Planung (Inhalt der heutigen Sitzung).

b. Bei der Auswahl angenehmer Tätigkeiten sind Sie nicht *sorgfältig* genug
Sie nehmen sich zwar Zeit für angenehme Tätigkeiten, wählen jedoch solche Aktivitäten aus, die Ihnen nur wenig oder keine Freude bereiten (z. B. sehen Sie fern, obwohl das Programm langweilig ist, oder Sie verabreden sich gewohnheitsmäßig zu Aktivitäten, die Ihnen eigentlich gar keinen Spaß machen).
Mögliche Lösung: Klären Sie Ihre Bedürfnisse. Nehmen Sie sich Zeit für die Dinge, die Sie wirklich tun wollen.

c. In Ihrer Lebenssituation hat sich etwas Grundlegendes *geändert*, was bisher Angenehmes nun schwer erreichbar macht

Beispiele sind Umzug, berufliche Veränderung, Pensionierung, Trennung vom Partner etc.
Mögliche Lösung: Suchen Sie nach neuen Tätigkeiten, die der veränderten Situation angepasst sind.

d. Sie fühlen sich in einer eigentlich angenehmen Situation nicht wohl, weil Sie sich *ängstlich und angespannt* fühlen
Mögliche Lösung: Klären Sie den Grund der Anspannung. Arbeiten Sie gezielt daran (z. B. Entspannungsübungen, soziale Fertigkeiten)

3. Planung angenehmer Tätigkeiten

Es ist wichtig, ein ausgewogenes Verhältnis zwischen Pflichten und angenehmen Tätigkeiten zu finden. Hierfür ist es hilfreich, einen Plan zur Steigerung angenehmer Aktivitäten zu entwickeln.

Einige allgemeine Überlegungen hierzu:
Vereinbarung: Treffen Sie mit sich eine Abmachung, den Plan tatsächlich umzusetzen. Dazu müssen Sie bereit sein, Schwerpunkte zu setzen, auszuwählen, und Ihr Leben ein wenig umzugestalten.
Gleichgewicht: Ziel ist, ein ausgewogenes Gleichgewicht zu finden zwischen Dingen, die Sie tun müssen und Dingen, die Sie tun möchten.
Planung: versuchen Sie, Problemen vorzugreifen, die der Ausführung Ihres Plans entgegenstehen könnten (z. B. Terminkalender, Babysitter bestellen, Telefon abstellen, rechtzeitig etwas mit anderen vereinbaren, einen Tisch reservieren etc.)
Nein-sagen: Lernen Sie, Nein zu sagen, wenn andere in der Zeit Ihre Hilfe beanspruchen, für die Sie eine angenehme Tätigkeit geplant hatten. Sie

können sagen: „ich habe etwas anderes vor" oder einfach, dass Sie das jetzt nicht tun möchten (ohne Erklärung – das ist ok.), oder Ihre Hilfe zu einem anderen Zeitpunkt anbieten.

Ihre Gedanken: Welche Gedanken helfen Ihnen, die Dinge zu tun, die Sie tun möchten? Welche Gedanken stehen Ihnen im Weg dabei, die Dinge zu tun, die Sie tun möchten? (Einzelübung anhand Arbeitsblatt **M6**)

- Denken Sie daran: angenehme Aktivitäten kann man ausführen, ohne viel Geld auszugeben!

4. Einzelne Schritte des Aktivitätsplans

1. Ihre Liste „Was ich nächste Woche tun muss – was ich nächste Woche tun will" (**M7**).

2. Eintragen von Pflichten in den **Wochenplan** (**M8**).
   Welche Pflichten, an welchem Tag, zu welcher Uhrzeit?
   Einteilung der Pflichten in kleine Schritte, dazwischen Platz für angenehme Tätigkeiten.

3. Festlegen, *wieviele* angenehme Tätigkeiten Sie pro Tag unternehmen möchten.
   Benutzen Sie Ihre persönliche Liste angenehmer Tätigkeiten. Die durchschnittliche Zahl der dort aufgeführten angenehmen Tätigkeiten pro Tag sollen Sie in Zukunft nicht unterschreiten.
   Legen Sie fest:
   „In der kommenden Woche möchte ich jeden Tag mindestens ... angenehme Tätigkeiten ausführen." Für jeden Tag nicht weniger als zwei angenehme Tätigkeiten planen!

4. Festlegen, *welche* angenehmen Tätigkeiten Sie in der nächsten Woche ausführen möchten. Wählen Sie aus folgenden Bereichen aus:
   - Tätigkeiten aus dem Blatt: „was ich tun will" (**M7**)
   - Tätigkeiten aus Ihrer „persönlichen Liste angenehmer Tätigkeiten" (**M5**)
   - Tätigkeiten aus der „Liste angenehmer Tätigkeiten" (**M3**)

5. Eintragen der angenehmen Tätigkeiten in den Wochenplan (wann, wo, wie lange? – **M8**).
   Ziel: ausgewogenes Verhältnis von Pflichten und angenehmen Aktivitäten!

6. Eine Vereinbarung mit sich treffen.
   Treffen Sie eine Vereinbarung mit sich selbst, den Wochenplan einzuhalten. Für die Einhaltung des Plans, aber auch für das Erreichen von Teilzielen, sollen Sie sich belohnen!

7. Setzen Sie Selbstgespräche ein! Diskutieren Sie mit Ihren Gedanken, die Ihnen im Weg stehen, das zu tun, was Sie tun möchten. Wenn Sie sich z. B. fragen: „Warum soll ich mich belohnen, für angenehme Dinge, die ich getan habe?" – was könnten Sie sich sagen, um sich zu motivieren, es trotzdem zu versuchen?

6. Vom Kurs zu den Hausaufgaben

1. Führen Sie das tägliche Stimmungsprotokoll (neues Blatt **M2**) fort

2. Tragen Sie Ihre angenehmen Aktivitäten in Ihre persönliche Liste angenehmer Tätigkeiten ein (**M5**)

3. Treffen Sie eine Vereinbarung mit sich selbst. Setzen Sie das, was Sie sich im Wochenplan (**M8**) vorgenommen haben, diese Woche in die Tat um. Halten Sie Pflichten und angenehme Tätigkeiten im Wochenplan ein. Markieren Sie die Tätigkeiten, die Sie nicht einhalten konnten.
   Seien Sie nicht beunruhigt, wenn Sie Ihre Ziele nicht sofort erreichen. Im Voraus planen kostet Zeit und Übung, und unerwartete Ereignisse können vorkommen. Belohnen Sie sich für das Erreichen Ihrer Ziele.

M6   Ihre Gedanken

Überlegen Sie sich anhand der folgenden angenehmen Tätigkeit, die Sie schon lange nicht mehr durchgeführt haben:

Tätigkeit:

Welche Gedanken könnten Ihnen im Weg stehen, die Dinge zu tun, die Sie tun möchten?

_____

_____

_____

_____

Welche Gedanken helfen Ihnen, die Dinge zu tun, die Sie tun möchten?

_____

_____

_____

_____

| M7 | Was ich nächste Woche tun muss/was ich tun will |

was zu tun ist	was ich tun will

M8				**Wochenplan**			
Wochentag → Uhrzeit ↓							
7 – 8 Uhr							
8 – 9 Uhr							
9 – 10 Uhr							
10 – 11 Uhr							
11 – 12 Uhr							
12 – 13 Uhr							
13 – 14 Uhr							
14 – 15 Uhr							
15 – 16 Uhr							
16 – 17 Uhr							
17 – 18 Uhr							
18 – 19 Uhr							
19 – 20 Uhr							
20 – 21 Uhr							
21 – 22 Uhr							
22 – 23 Uhr							
23 – 24 Uhr							

M 2   Stimmungsprotokoll

Beurteilen Sie täglich Ihre Stimmung und tragen Sie einen Wert von
1 bis 6 hinter dem Datum ein!

Werte: 1   sehr gute Stimmung
          2   gute Stimmung
          3   mittelmäßige Stimmung
          4   weniger gute Stimmung
          5   schlechte Stimmung
          6   sehr schlechte Stimmung

Bringen Sie das Stimmungsprotokoll zur nächsten Sitzung
wieder mit.

	Datum und Wochentag	Wert		Datum und Wochentag	Wert
1			15		
2			16		
3			17		
4			18		
5			19		
6			20		
7			21		
8			22		
9			23		
10			24		
11			25		
12			26		
13			27		
14			28		

Aus: Hautzinger: Depressionen im Alter (2000).

Sitzung 6: Wie Kontakte mit Anderen unsere Stimmung beeinflussen/ Selbstsicheres Verhalten

Inhalt
Wir setzen im Verhaltensdreieck, in dem gezeigt wird, wie sich Denken, Handeln und Fühlen gegenseitig beeinflussen, noch einmal am Punkt „Handeln" an. Heute jedoch speziell an den Kontakten mit anderen Menschen. – Depressive Spirale – Möglichkeiten zur Stärkung des Sozialen Unterstützungsnetzwerks – Selbstsicheres Verhalten – Adäquate Kommunikation: typische Fehler und Stile, Ich-Botschaften – Kurzentspannung

1. Wiederholung:

– Das tägliche Stimmungsprotokoll (**M2**)
– Die persönliche Liste angenehmer Tätigkeiten (**M5**)
– Ihr Wochenplan (**M8**):
  Wie ist es Ihnen ergangen?
  Was haben Sie erreicht?
  Wie haben Sie sich belohnt?
– Gab es Gedanken, die für Sie hilfreich waren, um Ihre angenehmen Aktivitäten zu steigern?

2. Zusammenhänge zwischen depressiver Verstimmung und Kontakten mit anderen Menschen

Wenn wir uns niedergeschlagen oder depressiv fühlen:

– haben wir weniger Kontakt mit anderen Leuten
– fühlen wir uns unwohl in Gesellschaft anderer
– sind wir stiller, reden weniger
– sind wir weniger selbstsicher, d.h., wir äußern nicht, was uns gefällt oder was uns nicht gefällt
– reagieren wir sensibel darauf, wenn wir ignoriert, kritisiert oder abgelehnt werden

Führt depressive Verstimmung zu weniger Geselligkeit oder umgekehrt: verursacht weniger Geselligkeit depressive Verstimmungen?
Die Antwort ist – wieder einmal – wahrscheinlich beides. Wenn wir uns schlecht fühlen, ist die Wahrscheinlichkeit geringer, dass wir kontaktfreudig sind. Jedoch, keinen Kontakt zu Leuten zu haben, nimmt uns eine wichtige Quelle fürs Wohlbefinden, und so fühlen wir uns noch schlechter. Wenn wir uns noch schlechter fühlen, unternehmen wir noch weniger mit Anderen. Dies kann schließlich so weit gehen, dass wir die meiste Zeit alleine verbringen.

3. Soziale Unterstützung

Es ist wissenschaftlich belegt, dass soziale Unterstützung durch Andere wichtige Auswirkungen auf unser Wohlbefinden hat. Im Allgemeinen ist es so: Je besser die Unterstützung, um so leichter ist es, schwierigen Situationen zu begegnen. Unter Sozialer Unterstützung versteht man Unterstützung durch die Menschen, die einem nahe stehen und mit denen man sein Leben teilt. Dazu gehören die Familie, Freunde, Nachbarn, Kollegen und Bekannte.
Gute soziale Unterstützung reduziert die Wahrscheinlichkeit, ernsthaft depressiv zu werden.

– Wenn Ihr sozialer Unterstützungskreis klein ist, möchten Sie ihn vielleicht vergrößern
– Wenn Ihr sozialer Unterstützungskreis ausreichend groß ist, möchten Sie ihn vielleicht noch besser schätzen lernen und ihn gut erhalten.

Wie macht man das? Davon handeln diese und die nächste Sitzung.

Drei wichtige Punkte im Kontakt mit Anderen:

– Wie wirken Sie auf andere Menschen?
– Selbstsicheres Verhalten
– Wie kann man Kontakte mit Leuten verbessern? (Sitzung 7)

4. Wie wirken Sie auf Andere?

Wenn wir depressiv wirken, führt das dazu, dass andere Menschen weniger freundlich zu uns sind.
- Ihr Gesicht: Lächeln Sie ab und zu? Halten Sie Augenkontakt?
- Ihr Körper: Haben Sie eine schlaffe Haltung? Sehen Sie müde oder ausgelaugt aus?
- Ihre Sprache: Sprechen Sie sehr langsam oder sehr leise?
- Ihren Gesprächspartnern gegenüber: Zeigen Sie Interesse an dem, was andere erzählen? Ignorieren Sie andere häufig oder kritisieren Sie die meiste Zeit?
- Sie selbst: Klagen oder beschweren Sie sich häufig? Sprechen Sie oft nur über negative Stimmungen und Ereignisse?

Wie Sie sich fühlen, beeinflusst die Art und Weise, wie Sie sich verhalten und anderen Menschen gegenübertreten. Wie Sie sich in sozialen Situationen verhalten, beeinflusst wiederum, wie Sie sich fühlen.

5. Selbstsicheres Verhalten: Eigene Gedanken, Gefühle und Wünsche angemessen äußern

Unterschiedliche Stile im Umgang mit Anderen:
- der passive/selbstunsichere Stil: eigene Bedürfnisse werden zurückgestellt.
- der aggressive Stil: eigene Interessen werden ohne Rücksicht auf die Bedürfnisse Anderer durchgesetzt.
- der selbstsichere Stil: eigene Gedanken, Gefühle und Bedürfnisse werden offen mitgeteilt.

Menschen, die wenig selbstsicher sind, sind im Umgang mit Anderen häufig ängstlich und können eigene Bedürfnisse und Wünsche nicht äußern. Werden solche Bedürfnisse aber über längere Zeit nicht befriedigt, so wirkt sich das negativ auf die Stimmung aus.
Selbstsicheres oder sozial kompetentes Verhalten bedeutet, eigene Wünsche und Bedürfnisse offen zu äußern, aber auch die Wünsche und Bedürfnisse Anderer zu berücksichtigen. Es bietet die Möglichkeit einen echten Kompromiss auszuhandeln, mit dem alle beteiligten Personen zufrieden oder zumindest einverstanden sind. Längerfristig führt das dazu, dass Kontakte überwiegend als angenehm erlebt werden.

Selbstsicheres Verhalten in 3 Schritten:

a. Das *Gefühl* benennen:
   Welche Gefühle löst das Verhalten des Anderen in mir aus?
b. Das *Verhalten* ganz genau beschreiben:
   Nur was Sie sehen, wird beschrieben. Sie „filmen" die Situation
c. Spürbare *Folgen und Auswirkungen* des Verhaltens benennen

5.1   Selbstsicheres Verhalten im Bereich „Kein Problem"

- gibt Auskunft über mich, meine Erfahrungen, Meinungen und Wünsche
- dient der Anerkennung des Anderen
- beugt Konflikten vor
- verbessert dadurch die Beziehung zu Anderen

a. *Gefühl:*   – ich finde es toll, ...
                  – es freut mich, ...
b. *Verhalten:*   ... dass der Tisch gedeckt ist ...
c. *Folgen:*   ... dadurch hab ich heute mehr Zeit zum Frühstücken.

5.2   Selbstsicheres Verhalten bei Problemen

- spricht den Anderen nicht schuldig oder frei, dieser muss sich dadurch nicht rechtfertigen
- macht eine Verständigung eher möglich
- ist weniger bedrohlich als vorwurfsvolles Verhalten

a. *Gefühl:*   - es stört mich, ...
                  - es ärgert mich, ...
                  - es macht mich wütend, ...
b. *Verhalten:*   ... dass die Musik so laut aufgedreht ist ...
c. *Folgen:*   ... ich kann mich dadurch schlecht auf meine Arbeit konzentrieren;
                  ... ich brauche dadurch mehr Zeit für meine Arbeit.

Zur Lösung eines Problems schließt sich ein weiterer Schritt selbstsicheren Verhaltens an:

d. meinen *Wunsch* an den Anderen richten: wie könnte die Lösung des Problems aussehen? Z. B. Stell die Musik doch bitte etwas leiser.

Grundlegende Fertigkeiten selbstsicheren Verhaltens liegen nicht nur in einer angemessenen Art, sich zu äußern, sondern auch:
– im Blickkontakt
– in Stimme
– in der Körperhaltung

Selbstsicheres Verhalten bedeutet nicht, dass man immer erreicht, was man möchte, sondern danach zu fragen. Es bedeutet auch nicht, Andere zu manipulieren. Es bedeutet, dass man eigene wichtige Interessen und Bedürfnisse offen vertritt.
Selbstsicheres Verhalten ermöglicht uns, positive und negative Dinge auszusprechen, ohne den Anderen zu verletzen. Sie müssen nicht immer sagen was Sie denken, aber es ist gut, die Wahl zu haben.

– Erstellen Sie eine Liste von Situationen, in denen Sie selbstsicherer werden möchten, indem Sie die entsprechenden Themen in Arbeitsblatt **M9** ankreuzen und dann konkrete schwierige Situation überlegen.

5.3 Wie kann man lernen, selbstsicherer zu werden?

a. In der Vorstellung üben!

– Stellen Sie sich die Szene so klar wie möglich vor (als wäre es eine Fotografie)
– Stellen Sie sich vor, wie die Handlung beginnt (als wäre es ein Film)
– Stellen Sie sich vor, etwas selbstsicher zu sagen
– Stellen Sie sich vor, wie der/die Andere reagieren wird

Wenn Ihnen das Resultat gefällt, üben Sie es nochmal. Wenn es Ihnen nicht gefällt, versuchen Sie es nochmals, indem Sie einige Details verändern, die Ihnen nicht gefallen haben.

b. Lernen Sie durch die Beobachtung und Nachahmung Anderer, deren selbstsichere Art Ihnen gefällt.

c. Holen Sie sich Vorschläge von Freunden ein, wie man solche Situationen meistern kann.

d. Wenn Sie sich bereit fühlen, gehen Sie von der Vorstellung zur Wirklichkeit. Beginnen Sie mit einer leichteren Situation. Beobachten Sie, was passiert. Versuchen Sie es so lange, bis Sie sich damit wohlfühlen.

e. Denken Sie daran, sowohl positive (z.B. jemand seine Freude ausdrücken) als auch negative Situationen (z.B. Kritik aussprechen) zu üben.

Durchführung von Rollenspielen (Arbeitsblatt **M10** beschreibt Kriterien für selbstsicheres Verhalten).

6. Vom Kurs zu den Hausaufgaben

1. Führen Sie das tägliche Stimmungsprotokoll fort (**M2**).
2. Notieren Sie weiterhin die durchgeführten Aktivitäten auf Ihrer persönlichen Liste angenehmer Aktivitäten (**M5**). Achten Sie dabei insbesondere auf Aktivitäten mit anderen Menschen.
3. – Notieren Sie auf dem Arbeitsblatt **M9** drei Situationen, in denen Sie selbstsicheres Verhalten üben möchten.
   – Üben Sie die jeweilige Situation zunächst in der Phantasie. Orientieren Sie sich an den Kriterien für selbstsicheres Verhalten (Arbeitsblatt **M10**).
   – Dann führen Sie die Übung in der Realität durch.
   – Belohnen Sie sich für Ihre Bemühungen, auch wenn die Übung nur teilweise gelang!
   – In der nächsten Sitzung werden wir Ihre Erfahrungen besprechen und weitere Rollenspiele durchführen.

| M9 | Beispiele für sozial kompetentes Verhalten |

- Nein-Sagen-Können
- Gefühle offen zeigen und äußern können
- Blickkontakt halten
- Aufrechte Haltung
- Freundliches Verhalten
- Lebhaftes (nicht träges) Verhalten
- Auf Andere eingehen können
- Versuchungen zurückweisen können
- Um einen Gefallen bitten können
- Auf seinem Recht bestehen
- Stärken zeigen
- Schwächen eingestehen
- Auf Kritik reagieren
- Widerspruch äußern können
- Sich entschuldigen können
- Fehler eingestehen
- Änderungen bei störendem Verhalten anderer verlangen
- Erwünschte Kontakte arrangieren
- Auf Kontaktangebote eingehen
- Unerwünschte Kontakte beenden
- Komplimente akzeptieren
- Komplimente machen
- Lob, Zustimmung erteilen
- Gespräche aufrechterhalten
- Unterbrechungen in Gespräch unterbinden
- Interessante Themen einbringen
- Zu einer Unterhaltung beitragen
- Ausreden lassen
- Zuhören können
- Gespräche beenden
- Verständlich sprechen
- Spontan handeln
- Unangenehme Dinge nicht aufschieben

Aus: Hautzinger: Depressionen im Alter (2000).

M10 Kriterien für unsicheres, sicheres und aggressives Verhalten

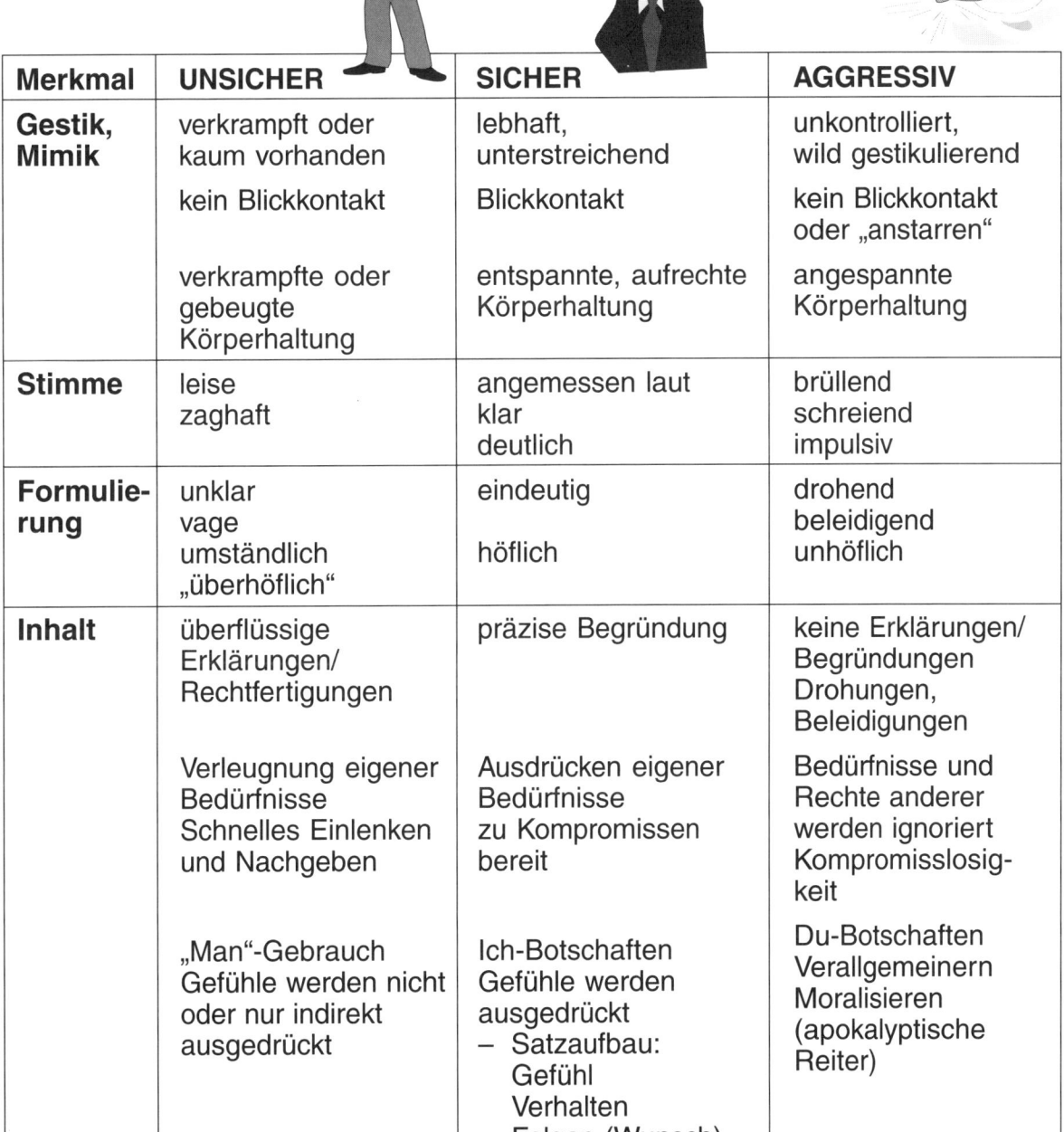

Merkmal	UNSICHER	SICHER	AGGRESSIV
Gestik, Mimik	verkrampft oder kaum vorhanden	lebhaft, unterstreichend	unkontrolliert, wild gestikulierend
	kein Blickkontakt	Blickkontakt	kein Blickkontakt oder „anstarren"
	verkrampfte oder gebeugte Körperhaltung	entspannte, aufrechte Körperhaltung	angespannte Körperhaltung
Stimme	leise zaghaft	angemessen laut klar deutlich	brüllend schreiend impulsiv
Formulierung	unklar vage umständlich „überhöflich"	eindeutig höflich	drohend beleidigend unhöflich
Inhalt	überflüssige Erklärungen/ Rechtfertigungen	präzise Begründung	keine Erklärungen/ Begründungen Drohungen, Beleidigungen
	Verleugnung eigener Bedürfnisse Schnelles Einlenken und Nachgeben	Ausdrücken eigener Bedürfnisse zu Kompromissen bereit	Bedürfnisse und Rechte anderer werden ignoriert Kompromisslosigkeit
	„Man"-Gebrauch Gefühle werden nicht oder nur indirekt ausgedrückt	Ich-Botschaften Gefühle werden ausgedrückt – Satzaufbau: Gefühl Verhalten Folgen (Wunsch)	Du-Botschaften Verallgemeinern Moralisieren (apokalyptische Reiter)

Sitzung 7: Kontakte mit anderen Menschen verbessern

Inhalt
– Planung und Stabilisierung sozialer Kontakte – Probleme, die die Freude an sozialen Aktivitäten beeinträchtigen – Kurzentspannung

1. Wiederholung

– Das tägliche Stimmungsprotokoll
– Ihre persönliche Liste angenehmer Aktivitäten und die täglichen Kontakte mit anderen: Besonders positive Kontaktsituationen/besonders schwierige Kontaktsituationen
– Ihre Erfahrungen mit den Selbstsicherheitsübungen

2. Kontakte mit anderen Menschen verbessern – Neue Leute kennenlernen

a. über gemeinsame Aktivitäten

Einer der einfachsten Wege, Menschen unverbindlich zu treffen, ist, etwas zu tun, was man gerne tut, und zwar in der Gesellschaft anderer. Wenn Sie etwas tun, was Ihnen Spaß macht, sind Sie wahrscheinlich auch in guter Stimmung, was es wiederum leichter macht, anderen gegenüber aufgeschlossen zu sein. Auch wenn Sie dort niemand Besonderen treffen, den Sie gerne besser kennenlernen würden, werden Sie weniger das Gefühl haben, Ihre Zeit zu verschwenden. Da der Schwerpunkt auf der Aktivität liegt, die Ihnen Spaß macht, werden Sie sich weniger unter Druck setzen als in einer Situation, bei der das einzige Ziel ist, andere kennenzulernen. Und schließlich: Wenn Sie Menschen begegnen, die Sie gern näher kennenlernen möchten, finden Sie diese wahrscheinlich bei solchen gemeinsamen Aktivitäten. Mit diesen Leuten haben Sie ja zumindest schon ein gemeinsames Interesse, nämlich die gemeinsame Aktivität, die Sie zusammengebracht hat.
Beispiele: Kegelgruppe, Wandergruppe, Sportverein, Volkshochschulgruppe. Wenn Sie anderen Menschen gerne helfen, könnten Sie sich überlegen, einer Gruppe freiwilliger Helfer beizutreten. Wenn Religion ein wichtiger Teil Ihres Lebens ist, könnten Sie z. B. aktiv an Gruppen Ihrer Gemeinde teilnehmen.

b. an geeigneten Orten in der Stadt oder in der Gegend, wo man Menschen begegnen kann

3. Kontakte mit Leuten verbessern, die Sie schon kennen

Beispiele:

– Telefonkontakte
– Anderen eine gemeinsame Aktivität vorschlagen. Wir alle freuen uns in der Regel, wenn wir von Anderen gefragt werden, etwas Gemeinsames zu unternehmen.

Haben Sie Schwierigkeiten, etwas vorzuschlagen, weil Sie vielleicht schüchtern sind oder Angst davor haben, dass die andere Person „nein" sagt?
Wie könnten Sie mit solchen Gefühlen umgehen? (hilfreiche Gedanken, Selbstsicherheitsübungen in der Vorstellung, etc.).

Übung zur Gruppendiskussion (Arbeitsblatt **M11**).

4. Probleme, die unsere Freude an sozialen Aktivitäten beeinträchtigen

a. zu viele Verpflichtungen, im „alten Trott" verfangen sein

Damit ist gemeint, dass es Ihnen Ihre bisherige Lebensroutine erschwert, etwas mit Anderen zu unternehmen.

Beispiele:

– Sie sind abends nach der Arbeit müde und schalten nur noch den Fernseher ein
– Sie werden nicht von Freunden eingeladen und bemühen sich auch nicht, diese einzuladen

– Sie arbeiten zu unregelmäßigen Zeiten und können soziale Aktivitäten nur schwer einplanen
– Sie haben eine Aufgabe übernommen, die Ihre gesamte Freizeit in Anspruch nimmt (z. B. Kinderbetreuung)
– Sie lesen den Kulturteil der Zeitung nicht, und wissen deshalb auch nicht, welche Veranstaltungen in Ihrer Umgebung stattfinden

Das Gemeinsame ist, dass Sie all Ihre Energie in Tätigkeiten investieren, die angenehme soziale Aktivitäten erschweren, oder dass Sie nicht gewohnt sind, solche sozialen Aktivitäten im Voraus zu planen. Ein Mangel an befriedigenden sozialen Aktivitäten wirkt sich jedoch wiederum negativ auf Ihre Stimmung aus.
Lösung: Versuchen Sie diese Routine aufzubrechen. Nutzen Sie hierzu einen *Plan zur Steigerung angenehmer sozialer Aktivitäten:*

1. Erstellen Sie eine Liste möglicher angenehmer Aktivitäten mit anderen Menschen, die Sie zur Zeit selten ausführen. Es soll sich dabei um Aktivitäten handeln, Sie aus Ihrem Trott reißen könnten! Denken Sie dabei auch an Aktivitäten, die leicht durchzuführen sind, die nicht teuer sind, die nicht zu viel (und nicht zu wenig) Zeit in Anspruch nehmen, und die nicht viel Vorbereitung brauchen (zu steigernde soziale Aktivitäten – Arbeitsblatt **M12**)
2. Erstellen Sie eine Liste von Tätigkeiten, die Sie derzeit an sozialen Kontakten mit anderen Menschen hindern. Es sollen solche Tätigkeiten sein, die Sie derzeit in Ihrem Trott festhalten und die besonders zeitraubend, unnötig und störend für Sie sind (zu verringernde Tätigkeiten, **M13**). Sie müssen spezielle Planungen treffen, um weniger Zeit dafür aufzuwenden.
3. Erarbeiten Sie Ziele zur Steigerung sozialer Aktivitäten und zur Verminderung störender Tätigkeiten. Planen sie Ihre Ziele in kleinen Schritten (z. B. anfangs Steigerung sozialer Aktivitäten um 1–2 Aktivitäten pro Woche). Ziel ist wiederum, ein *Gleichgewicht* zwischen Vergnügen und Verpflichtungen zu finden, das Ihnen gut tut.

b. mangelhafte Belohnung

Sie ist dann gegeben, wenn soziale Kontakte so wenig angenehm für Sie sind, dass Sie sie nicht genießen können und deshalb nicht aufsuchen.

– Wenn Sie versuchen, Ihr Verhalten hier zu ändern, ist es wichtig, sich für Ihre Bemühungen – zumindest anfänglich – selbst zu belohnen! Gründe:
– vielleicht haben Sie anfangs ein paar Misserfolge (z. B. Ihre Einladung wird abgelehnt),
– am Anfang ist zusätzliche Energie notwendig (die eingefahrenen Gleise erscheinen zunächst einfacher),
– Sie müssen vielleicht einige unangenehme Dinge regeln, um die nötige Zeit für soziale Aktivitäten zu finden (z. B. Überstunden reduzieren, jemanden bitten, etwas für Sie zu übernehmen, jemandem etwas abschlagen).

Ihre sozialen Kontakte werden in der Regel selbst zur Belohnung, sobald Sie einmal damit begonnen haben.
Wenn dies nicht der Fall ist, und Ihnen der soziale Kontakt nicht gut tut, finden Sie heraus, woran es liegt:
– Sind Sie zu angespannt? Versuchen Sie es mit Entspannung.
– Sind Sie unsicher? Üben Sie soziale Kompetenz.
– Sind die Kontakte aus anderen Gründen nicht befriedigend? Versuchen Sie insbesondere solche Kontakte aufzubauen und zu steigern, die Ihnen gut tun und Belohnungscharakter für Sie haben.

5. Vom Kurs zu den Hausaufgaben

1. Setzen Sie Ihr tägliches Stimmungsprotokoll fort (**M2**).
2. Beginnen Sie, Ihren Plan zur Steigerung angenehmer sozialer Aktivitäten in der nächsten Woche umzusetzen. Verwenden Sie dazu Ihre Listen: „Soziale Aktivitäten, die Sie erhöhen möchten" (**M12**) und „Zeitraubende, störende Aktivitäten, die Sie dazu verringern müssen" (**M13**).
Verwenden Sie den neuen Wochenplan (**M8**) zur Planung der Steigerung Ihrer angenehmen sozialen Aktivitäten und der Verminderung störender Tätigkeiten.
– Setzen Sie sich vernünftige Ziele in Form kleiner Schritte
– Belohnen Sie sich für die Durchführung der kleinen Schritte
– Behalten Sie diesen Plan auch über die nächsten Wochen bei, und registrieren Sie Ihre Fortschritte!

M11 Übung zur Gruppendiskussion

Zu welchen Aktivitäten würden Sie gerne von anderen eingeladen werden?

Was fällt Ihnen schwer, wenn Sie anderen etwas vorschlagen?

M12   **Soziale Aktivitäten, die Sie erhöhen möchten**

M13	Zeitraubende, störende Aktivitäten, die Sie dazu verringern müssen

M8				Wochenplan			

Wochentag → Uhrzeit ↓							
7 – 8 Uhr							
8 – 9 Uhr							
9 – 10 Uhr							
10 – 11 Uhr							
11 – 12 Uhr							
12 – 13 Uhr							
13 – 14 Uhr							
14 – 15 Uhr							
15 – 16 Uhr							
16 – 17 Uhr							
17 – 18 Uhr							
18 – 19 Uhr							
19 – 20 Uhr							
20 – 21 Uhr							
21 – 22 Uhr							
22 – 23 Uhr							
23 – 24 Uhr							

Sitzung 8: Für die Zukunft planen

Inhalt
– Zusammenfassung der Grundlagen des Kurses – Gelerntes im Alltag verankern – Wichtige Ereignisse und Lebensveränderungen vorausplanen – Lebensziele, Werte, Wertekonflikte – Das Prinzip der Vorbeugung – Kurzentspannung

1. Wiederholung:

– Das tägliche Stimmungsprotokoll
– Der Plan zur Steigerung sozialer Aktivitäten – Ihre Erfahrungen damit

2. Zusammenfassung der Grundlagen dieses Kurses

Gedanken, Gefühle und Handeln beeinflussen sich gegenseitig

– Ihre Gedanken beeinflussen Ihre Stimmung.
– Ihr Verhalten beeinflusst Ihre Stimmung.
– Ihre Kontakte mit anderen Menschen beeinflussen Ihre Stimmung.

Denken Sie daran: Es ist schwierig, auf direktem Weg zu beeinflussen, wie Sie sich fühlen. Die im Kurs gelernten Fertigkeiten ermöglichen es Ihnen, über die Wege „Gedanken" und „Handeln" Ihre Stimmung günstig zu beeinflussen.

a. Die Gedanken verändern:

– Sie haben Techniken zur Vermehrung positiver und zur Reduzierung negativer Gedanken gelernt.
– Sie haben gelernt, mit Hilfe der ABCD-Methode ungünstige bewertende Gedanken in Situationen zu hinterfragen und konstruktive, realistischere Gedanken einzusetzen.

b. Das Handeln verändern:

– Sie haben für sich herausgefunden, welche Aktivitäten für Sie angenehm sind
– Sie haben gelernt, angenehme Tätigkeiten in Ihren Alltag einzuplanen, und ein ausgewogenes Verhältnis zwischen angenehmen Aktivitäten und Pflichten herzustellen

– Sie haben Fertigkeiten gelernt, sich selbstsicher zu verhalten, so dass soziale Kontakte für Sie langfristig befriedigender werden
– Sie haben gelernt, welche Möglichkeiten es gibt, angenehme Kontakte mit anderen Menschen zu verbessern
– Sie haben einen Plan zur Steigerung angenehmer sozialer Aktivitäten entwickelt und in Ihrem Alltag umgesetzt, um wiederum ein Gleichgewicht zu finden zwischen sozialen Kontakten, die Ihnen gut tun, und Ihren Verpflichtungen
– Sie haben gelernt, sich für die Schritte Ihrer Bemühungen selbst zu belohnen

c. Das Gefühl verändern:

– Durch Entspannungsübungen haben Sie gelernt, wie Sie Anspannung reduzieren und so zu Ihrem Wohlbefinden beitragen können.

3. Stabilisierung Ihrer Erfolge

Räumen Sie den im Kurs gelernten Techniken auch in Ihrem zukünftigen Alltag genügend Platz ein. Überlegen Sie, an welchen Techniken Sie weiterhin noch vertiefter arbeiten möchten.

4. Wichtige Ereignisse und Lebensveränderungen

Es gibt eine Reihe äußerer Ereignisse oder Veränderungen, die erwiesenermaßen depressive Verstimmungen begünstigen können. Solche stressvollen Ereignisse können z.B. sein:

– soziale Trennungen (durch Tod, Trennung, Kinder verlassen das Elternhaus, Wohnungsumzug, usw.)
– unerwartete körperliche Belastungen oder Erkrankungen

– Neue Verpflichtungen (Heirat, neue Familienmitglieder, usw.)
– Berufliche Veränderungen (Berufswechsel, Ruhestand, Ärger mit Vorgesetzten usw.)
– Finanzielle Veränderungen (Schulden, Rückschläge, Verlust von Eigentum, juristische Probleme, usw.)

Bedeutsame Ereignisse, die nahestehende Personen betreffen, können ebenfalls Auswirkungen auf Sie haben.
Auch allgemein positive Ereignisse können Belastungen verursachen (beruflicher Aufstieg, Heirat, Geburt eines Kindes usw.).
Viele solcher kritischer Situationen sind vorhersehbar. Planen Sie im Voraus:

– Wie wird das Ereignis mein Leben im Einzelnen beeinflussen? Werde ich dann viel Zeit haben? Wird es zur Trennung von wichtigen Menschen kommen? Werden mir dadurch viele Aktivitäten erschwert, die ich gern unternommen habe?
– Besteht die Wahrscheinlichkeit, dass dieses Ereignis mein seelisches Wohlbefinden stark beeinträchtigt?
– Was kann ich tun, um mich vorzubereiten? Wie kann ich auf Veränderungen reagieren, die durch das Ereignis zustandekommen? Welche der im Kurs gelernten Strategien kann ich einsetzen, um mit Problemen besser umzugehen, die das Ereignis mit sich bringt?

5. Ein Blick in die Zukunft: Ihre Lebensziele

Wissenschaftler, die sich mit psychologischer Anpassung befassen, haben herausgefunden, dass gut angepasste, zufriedene Menschen
– die Konsequenzen ihrer Handlungen gut einschätzen können
– die Erreichung ihrer Ziele im Voraus planen

a. Was sind Ihre persönlichen Ziele?

Es ist wichtig, dass wir uns darüber bewusst sind, welche Lebensziele wir haben. Ihre Lebensziele werden von Ihren persönlichen Werthaltungen beeinflusst.

Werthaltungen können besondere Einstellungen sein (z. B. Sport ist gesund), allgemeine Prinzipien, persönliche Leitlinien und tiefe Überzeugun-

gen (z. B. – Gläubige sollten jeden Sonntag zur Kirche gehen, – ich ernähre mich gesund, damit ich länger lebe, –ich glaube an Gott, – die Menschen sind grundsätzlich gut).

Ziele sind konkrete Ergebnisse von dem was wir vorhaben, anstreben, erreichen wollen. Ziele stehen normalerweise im Dienste unserer Werthaltungen.

Beispiel:
Wert: ich will gesund leben
Ziele: – ich esse viel Gemüse
          – ich treibe regelmäßig Sport
          – ich trinke wenig Alkohol

Sind Ihre Werthaltungen und Ziele miteinander vereinbar?
Wenn unsere persönlichen Werthaltungen miteinander unvereinbar sind, geraten wir in einen *Konflikt*. Dies bedeutet, dass man zwischen zwei gleich guten oder schlechten Alternativen wählen muß. Es gibt keine klare „bessere Wahl". Hier sollten wir eine bewusste Wahl treffen, einer der beiden Werthaltungen Vorrang zu geben. Dies macht es weniger wahrscheinlich, dass wir denken, unseren Prinzipien untreu zu werden.

Beispiel 1:
Wert 1: ich will gesund leben
Wert 2: ich will mein Leben genießen

Diese beiden Werte führen wahrscheinlich zu einem Konflikt, wenn ich eine Nacht durchfeiere, viel Alkohol trinke und am nächsten Tag Kopfweh habe und meine Sportveranstaltung absagen muss.

Beispiel 2:
Wert 1: ich möchte eine gute Hausfrau/ein guter Hausmann sein
Wert 2: ich möchte eine gute Mutter/ein guter Vater sein

Diese beiden Werte führen vielleicht zu einem Konflikt, wenn mein Kind auf den Spielplatz gehen möchte, ich aber die Wohnung für den am Abend bevorstehenden Besuch putzen möchte.

Ein Weg, um die getroffene Wahl zu stärken, ist es, soziale Unterstützung von Menschen zu suchen, die die Werte, nach denen Sie leben möchten, unterstützen. Dagegen sollten wir energieraubende Kontakte mit Menschen oder Gruppen meiden, die uns an der Verfolgung wichtiger Ziele hindern.

b. Arten von Zielen

Persönliche Ziele: Ziele, die vorrangig mit Ihnen alleine zu tun haben

Zwischenmenschliche Ziele: Ziele, die mit Ihrer Beziehung zu anderen zu tun haben

Kurzfristige Ziele: Solche Ziele, die z. Zt. anstehen, die Sie auf eine „zu-tun"-Liste setzen können

Langfristige Ziele:

Wo würden Sie bezüglich Ihrer persönlichen und zwischenmenschlichen Ziele gern stehen – in 3 oder in 10 Jahren von heute an?

1. Wenn Sie in Gedanken in die Zukunft blicken, 10 Jahre von heute an – Was möchten Sie gerne erreicht haben?
2. Stellen sie sich den Weg, den Sie in den 10 Jahren gehen werden vor! Wo möchte ich in 3 Jahren stehen, wo in 5 Jahren?
3. Wenn Sie von dort wiederum 10 Jahre zurückblicken (d.h. auf die Zeit, die nun vor Ihnen liegt): An was würden Sie sich gerne erinnern?

Mit der ersten Frage können Sie Zukunftspläne erstellen. Die zweite Frage dient zur gegenwärtigen Planung. Denken Sie daran: Wenn Sie heute befriedigende Aktivitäten unternehmen, schaffen Sie sich angenehme Erinnerungen für spätere Zeiten.

c. Die Liste Ihrer persönlichen Ziele (M14)

– Ziele, die Sie schon erreicht haben
– Ziele, an denen Sie noch weiterarbeiten möchten. Überlegen Sie, was Sie brauchen, um sich in die gewünschte Richtung zu verändern.

6. Abschließendes

Vorbeugen ist besser als Nachsorge

– Machen Sie sich vorbeugend Gedanken darüber, was im positiven Sinn zu Ihrem Wohlbefinden beiträgt.
– Lernen Sie „Höhepunkte" in Ihrem Leben wahrzunehmen und sic bewusst zu erleben.
– Versuchen Sie, Veränderungen in Ihrem Leben auch als Gelegenheit zu persönlichem Wachstum zu sehen.
– Planen Sie bewusst angenehme Tätigkeiten in ihren Alltag ein und behalten Sie diese auch in Krisensituationen bei, um ernsthaften Verstimmungen vorzubeugen.
– Warten Sie nicht, bis Sie sich schlecht fühlen, um dann erst Gegenmaßnahmen zu treffen.

Wir wünschen Ihnen auf diesem Weg viel Erfolg und alles Gute!

M14   Lebensziele/Zukunftsplan

Beschreiben Sie für jeden dieser Bereiche Ihre Ziele:

	Ziele, die Sie schon **erreicht haben**	Ziele, an denen Sie **noch weiter arbeiten möchten**
1. Lebensstil:		
2. Geistige und religiöse Aktivitäten:		
3. Ausbildungspläne:		
4. Berufliche Entscheidungen:		
5. Ausmaß körperlicher Aktivitäten:		
6. Freizeitaktivitäten:		
7. Familienleben:		
8. Freunde:		
9. Liebesbeziehungen:		
10. Gruppenaktivitäten:		

Literatur

American Psychiatric Association (1980). *Diagnostic and Statistical Manual of Mental Disorders (3rd ed.).* Washington DC: APA.

American Psychiatric Association (1994). *Diagnostic and Statistical Manual of Mental Disorders (4rd ed.).* Washington DC: APA.

American Psychiatric Association (1998). *Diagnostisches und Statistisches Manual Psychischer Störungen - DSM-IV.* Göttingen: Hogrefe.

Angermeyer, M.C.; Held, T. & Görtler, D. (1993). Pro und contra: Psychotherapie und Psychopharmakotherapie im Urteil der Bevölkerung. *Psychotherapie Psychosomatik, Medizinische Psychologie, 43,* 286-292.

Angermeyer, M.C. & Matschinger, H. (1996). Public attitude towards psychiatric treatment. *Acta Psychiatrica Scandinavica, 94,* 326-336.

Angermeyer, M.C.; Kilian, R. & Matschinger, H. (2000). WHOQOL-100 und WHOQOL-Bref. Handbuch für die deutschsprachige Version der WHO-Instrumente zur Erfassung der Lebensqualität. Göttingen: Hogrefe.

Angst, J. & Merikangas, K. (1997). The depressive spectrum: diagnostic classification and course. *Journal of Affective Disorders, 45,* 31-39.

Angst, J. (1999). Major Depression in 1998: Are we providing optimal therapy? *Journal of Clinical Psychiatry, 60,* 5-9.

Bader, K.H. (1994). Kognitive Verhaltenstherapie bei depressiven Patienten: Ein Gruppenkonzept für die stationäre Behandlung. In Hautzinger, M. (Hrsg.) *Verhaltenstherapie bei Depressionen.* Baltmannweiler: Röttger-Schneider Verlag.

Baltes, M.M. & Carstensen, L.L. (1996). Gutes Leben im Alter: Überlegungen zu einem prozeßorientierten Metamodell erfolgreichen Alterns. *Psychologische Rundschau, 47,* 199-215.

Bandura, A. (1969). *Principles of behavior modification.* New York: Holt, Rinehart & Winston.

Bandura, A. (1977). *Social learning theory.* Prentice Hall, New Jersey: Englewood Cliffs.

Baumann, U. & Stieglitz, R.D. (1998). Klassifikation. In Baumann, U. & Perrez, M. (Hrsg.) *Lehrbuch Klinische Psychologie – Psychotherapie.* Bern: Huber.

Beck, A.T.; Rush, A.J.; Shaw, B.F. & Emery, G. (1981). *Kognitive Therapie der Depression.* München: Urban und Schwarzenberg.

Blöschl, L. (1998). Depressive Störungen: Klassifikation und Diagnostik. In Baumann, U. & Perrez, M. (Hrsg.) *Lehrbuch Klinische Psychologie – Psychotherapie.* Bern: Huber.

Bortz, J. (1993). *Lehrbuch der Statistik.* Heidelberg: Springer.

Bullinger, M., & Kirchberger, I. (1998) *Der SF-36 Fragebogen zum Gesundheitszustand (SF-36).* Göttingen: Hogrefe.

Clarke, G.N.; Hawkins, W.; Murphy, M. & Sheeber, L.B. (1995). Targeted prevention of unipolar depressive disorder in an at-risk sample of high school adolescents: A randomized trial of group cognitive intervention. *Journal of* the American Academy of Child and Adolscent Psychiatry, 34,* 312-321.

Collegium Internationale Psychiatriae Scalarum CIPS (Hrsg.) (1996). *Internationale Skalen für Psychiatrie (4. Auflage).* Göttingen: Beltz-Test.

Cuijpers, P. (1998). A psychoeducational approach to the treatment of depression: A meta-analysis of Lewinsohn's „Coping with Depression" course. *Behavior Therapy, 29,* 521-533.

Dowrick, C.; Casey, P.; Dalgard, O.; Hosman, C.; Lehtinen, V.; Vázquez-Barquero, J.-L. & Wilkinson, G. and the ODIN Group (1998). Outcomes of Depression International Network (ODIN). *British Journal of Psychiatry, 172,* 359-363.

Ellis, A. & Harper, R.A. (1961). *A guide to rational living.* Hollywood: Wilshire.

Ellis, A. (1977). *Die rational-emotive Therapie.* München: Pfeiffer.

Fiedler, P. (1999). *Verhaltenstherapie in und mit Gruppen.* Weinheim: Beltz.

Franke, G.H. (1995). *SCL-90-R - Die Symptom-Checkliste von Derogatis. Deutsche Version.* Göttingen: Hogrefe.

Goldberg, D. & Williams, P.A. (1988). *Users guide to the General Health Questionnaire: GHQ.* Berkshire: Windsor.

van Gülick-Bailer, M.; Maurer, K. & Häffner, H. (1995). *Schedules for Clinical Assessment in Neuropsychiatry (SCAN).* Bern: Huber.

Hautzinger, M. (1993). Kognitive Verhaltenstherapie und Pharmakotherapie bei Depressionen: Überblick und Vergleich. *Verhaltenstherapie, 3,* 26-34.

Hautzinger, M. (1997). *Kognitive Verhaltenstherapie bei Depressionen. Behandlungsanleitungen und Materialien.* Weinheim: Psychologie Verlags Union.

Hautzinger, M. (1998). Depression. *Fortschritte der Psychotherapie Band 4,* Göttingen: Hogrefe.

Hautzinger, M. (2000). *Depressionen im Alter. Erkennen, bewältigen, behandeln. Ein kognitiv-verhaltenstherapeutisches Gruppenprogramm.* Weinheim: Psychologie Verlags Union.

Hautzinger, M.; Luka, U. & Trautmann, R.D. (1985). Skala dysfunktionaler Einstellungen – eine deutsche Version der Dysfunctional Attitude Scale. *Diagnostica, 31,* 312-323.

Hautzinger, M. & Bailer, M. (1993). *Allgemeine Depressionsskala ADS.* Weinheim: Beltz.

Hautzinger, M.; Bailer, M.; Worall, H. & Keller, F. (1994). *Beck- Depressions-Inventar – BDI.* Bern: Huber.

Hautzinger, M.; de-Jong-Meyer, R.; Treiber, R. & Rudolf, G.A. (1996). Wirksamkeit kognitiver Verhaltenstherapie, Pharmakotherapie und deren Kombination bei nicht-endogenen, unipolaren Depressionen. *Zeitschrift für Klinische Psychologie Forschung und Praxis, 25,* 130-145.

Herrle, J. & Kühner, C. (1994). *Depression bewältigen. Ein kognitiv-verhaltens-therapeutisches Gruppenprogramm nach P.M. Lewinsohn.* Weinheim: Psychologie Verlags Union.

Herrle, J. & Ellis, A. (im Druck). *Skala irrationaler Grundüberzeugungen nach Ellis.* Göttingen: Hogrefe.

Horwath, E.; Johnson, J.; Klerman, G.L. & Weissman, M.M. (1992). Depressive symptoms as relative and attributable risk factors for first-onset major depression. *Archives of General Psychiatry, 49,* 817-823.

Jarrett, R.B. & Rush, A.J. (1994). Short-term psychotherapy of depressive disorders: current status and future directions. *Psychiatry, 57,* 115-132.

Kühner, C. (1997). *Fragebogen zur Depressionsdiagnostik nach DSM-IV (FDD-DSM-IV).* Göttingen: Hogrefe.

Kühner, C.; Angermeyer, M.C. & Veiel, H.O.F. (1994). Zur Wirksamkeit eines kognitiv-verhaltenstherapeutischen Gruppenprogramms bei der Rückfallprophylaxe depressiver Erkrankungen. *Verhaltenstherapie, 4,* 4-12.

Kühner, C. & Angermeyer, M.C. (1999). *Rückfall- und Chronifizierungsprophylaxe bei Depression.* Frankfurt: Peter Lang.

Kühner, C.; Weber, I.; Reichenbacher, M. & Blomeyer, D. (2000). *Early Intervention for Depression in Primary Care Patients – a Pilot study.* Poster, presented at the 10th AEP Symposium „From Epidemiology to Prevention", Budapest, Hungary.

Lewinsohn, P.M. (1974). A behavioral approach to depression. In Friedman, R.J. & Katz, M.M. (eds.) *The psychology of depression: contemporary theory and research.* New York: Wiley.

Lewinsohn, P.M. (1975). The behavioral study and treatment of depression. In Hersen, M.; Eisler, R.M. & Miller, P.M. (eds.) *Progress in behavior modification.* New York: Academic Press.

Lewinsohn, P.M.; Youngren, M.A. & Grosscup, S.J. (1979). Reinforcement and depression. In Depue RA (ed.) *The psychobiology of depresive disorders.* New York: Academic Press.

Lewinsohn, P.M.; Muñoz, R.F.; Youngren, M.A. & Zeiss, A.M. (1982). *Der Weg zum seelischen Gleichgewicht.* Salzburg: Otto Müller Verlag.

Lewinsohn, P.M.; Antonuccio, D.O.; Steinmetz, J.L. & Teri, L. (1984). The coping with depression course. *A psychoeducational intervention for unipolar depression.* Eugene, OR: Castalia Publishing Company.

Lewinsohn, P.M.; Clarke, G.N.; Hops, H. & Andrews, J. (1990). Cognitive-behavioral treatment for depressed adolescens. *Behaviour Therapy, 21,* 385-401.

Lovett, S. & Gallagher, D. (1988). Psychoeducational interventions for family caregivers: preliminary efficiacy data. *Behaviour Therapy, 19,* 321-330.

Margraf, J.; Schneider, S. & Ehlers, A. (1994). *Diagnostisches Interview bei psychischen Störungen (DIPS).* Berlin: Springer.

Miranda, J. & Muñoz, R. (1994). Intervention for minor depression in primary care patients. *Psychosomatic Medicine, 56,* 136-142.

Mrazek, P.J. & Haggerty, R.J. (1994). *Reducing Risks for Mental Disorders. Frontiers for preventive intervention research.* Washington DC: National Academy Press.

Müller, E. (1996). *Du spürst unter deinen Füßen das Gras. Autogenes Training in Phantasie- und Märchenreisen.* Frankfurt a.M.: Fischer Taschenbuch.

Muñoz, R.F. (1998). *The depression prevention course.* Unpublished protocol. San Francisco: University of California.

Muñoz R. F.; Aguilar-Gaxiola S. & Guzmán J. (1986). *Manual de Terapia de Grupo para el Tratamiento Cognitivo-conductual de Depresión.* San Francisco: San Francisco General Hospital Depression Clinic.

Muñoz R. F. & Miranda J. (1986). *Group Therapy for Cognitive-behavioral Treatment of Depression.* San Francisco: San Francisco General Hospital Depression Clinic.

Muñoz, R.F.; Ying, Y.W.; Armas, R.; Chan, F. & Gurza, R. (1987). The San Francisco Depression Prevention Research Project: A randomized trial with medical outpatients. In Muñoz R.F. (ed.) *Depression prevention research directions.* New York: Hemisphere.

Muñoz, R.F. & Ying, Y.W. (1993). *The Prevention of Depression. Research and Practice.* Baltimore: The Johns Hopkins University Press.

Muñoz, R.F.; Ying, Y.W.; Bernal, G.; Perez-Stable, E.J.; Sorensen, J.L.; Hargreaves, W.A.; Miranda, J. & Miller, L.S. (1995). Prevention of depression with primary care patients: a randomized controlled trial. *American Journal of Community Psychology, 23,* 199-222.

Muñoz, R. F.; Ghosh Ippen, C.; Rao, S.; Le, H.-N. & Dwyer, E. V. (2000). *Manual for Group Cognitive-Behavioral Therapy of Major Depression: A Reality Management Approach.* San Francisco: University of California.

Murray, C. J. L. & Lopez, A. D. (1996). *The Global Burden of Disease.* Boston: Harvard University Press.

Nolen-Hoeksema, S. (1990). *Sex differences in depression.* Stanford: Stanford University Press.

Persons, J.B.; Thase, M.E. & Crits-Christoph, P. (1996). The role of psychotherapy in the treatment of depression: review of two practice guidelines. *Archives of General Psychiatry, 53,* 283-290.

Rehm, L.P. (1977). A self-control model of depression. *Behaviour Therapy, 8,* 787-804.

Robinson, L.A.; Berman, J.S. & Neimeyer, R.A. (1990). Psychotherapy for the treatment of depression: a comprehensive review of controlled outcome research. *Psychological Bulletin, 108,* 30-49.

Röhrle, B. (1988). *Fragebogen zur Verhaltenstherapeutischen Diagnostik depressiver Störungen. Ein Kompendium.* Tübingen: Deutsche Gesellschaft für Verhaltenstherapie.

Sartorius, N.; Ustun, T.B.; Lecrubier, Y. & Wittchen, H.U. (1996). Depression comorbid with anxiety: results from the WHO study on psychological disorders in primary health care. *British Journal of Psychiatry,168, Suppl.30,* 38-43.

Siebel, U.; Michels, R.; Hoff, P.; Schaub, R.T.; Droste, R.; Freyberger, H.J. & Dilling, H. (1997). Multiaxiales System des Kapitels V (F) der ICD-10. *Der Nervenarzt, 68,* 231-238.

Spitzer, R.L.; Williams, J.B.W.; Kroenke, K.; Linzer, M.; deGruy, F.V.; Hahn, S.R.; Brody, D. & Johnson, J.G. (1994). Utility of a new procedure for diagnosing mental disorders in primary care: the PRIME MD-1000 study. *Journal of American Medical Association, 272,* 1749-1756.

Spitzer, R.L.; Williams, J.B.W.; Kroenke, K.; Linzer, M.; deGruy, F.V.; Hahn, S.R. & Brody, D. (1997) *Prime MD Primary Care Evaluation of Mental Disorders. Zur Beurteilung psychischer Krankheiten in der allgemeinärztlichen Praxis.* Deutsche Übersetzung: Geerken, S. & Spiske. Karlsruhe: Pfizer GMBH.

Steinmetz Breckendridge, J.; Zeiss, A. & Thompson, L.W. (1987). The life satisfaction course: an intervention for the elderly. In Muñoz, R.F. (ed.) *Depression prevention research directions*. New York: Hemisphere.

Thase, M.E. & Friedman, E.S. (1999). Is psychotherapy an effective treatment for melancholia and other severe depressed states? *Journal of Affective Disorders, 54,* 1-19.

Teri, L. & Lewinsohn, P.M. (1986). Individual and group treatment of unipolar depression: comparison to treatment outcome and identification of predictors of successful treatment outcome. *Behavior Therapy, 17,* 215-228.

Weissmann, M.M. & Klerman, G.L. (1992). Depression: current understanding and changing trends. *Annual Review of Public Health, 13,* 319-339.

Wells, K.B.; Stewart, A.; Hays, R.D.; Burnam, M.A.; Rogers, W.; Daniels, M.; Berry, S.; Greenfield, S. & Ware, J. (1989). The functioning and well-being of depressed patients. Results from the Medical Outcomes Study. *Journal of American Medical Association, 262,* 914-919.

Wells, K.B.; Burnam, M.A.; Rogers, W.; Hays, R. & Camp, P. (1992). The course of depression in adult outpatients. Results from the Medical Outcomes Study. *Archives of General Psychiatry, 49,* 788-794.

Wells K. B.; Sherbourne C.; Schoenbaum M.; Duan, N.; Meredith, L.; Unutzer, J.; Miranda, J.; Carney, M.F. & Rubenstein, L.V. (2000). Impact of disseminating quality improvement programs for depression in managed primary care: A randomized controlled trial. *Journal of the American Medical Association, 283,* 212-220.

WHO (1993). *Internationale Klassifikation psychischer Störungen. ICD-10.* Bern: Hans Huber.

WHO (1997). *Multiaxial presentation of the ICD-10 for use in adult psychiatry.* Cambridge: University Press.

Wittchen, H.-U. (1993). Wie häufig sind depressive Erkrankungen? In Hautzinger, M. (Hrsg.) *Verhaltenstherapie bei Depressionen.* Baltmannsweiler: Röttger-Schneider.

Wittchen, H.U:; Wunderlich, U.; Gruschwitz, S. & Zaudig, M. (1997). *SKID-I. Strukturiertes klinisches Interview für DSM-IV. Achse I: Psychische Störungen.* Göttingen: Hogrefe

Wittchen, H.U.; Garcynski, E. & Pfister, H. (1998) *Composite International Diagnostic Interview.* Göttingen: Hogrefe.

Yalom, I.D. (1992). *Theorie und Praxis der Gruppenpsychotherapie.* München: Pfeiffer.

Zeiss, A.M.; Lewinsohn, P.M. & Muñoz, R.F. (1979). Nonspecific improvement effects in depression using interpersonal skills training, pleasant activities schedules, or cognitive training. *Journal of Consulting and Clinical Psychology, 47,* 427-439.

Zielke, M. (1993a). Zielsetzungen und Funktionen der Gruppentherapie in der stationären Behandlung. *Praxis der klinischen Verhaltensmedizin und Rehabilitation, 21,* 6-14.

Zielke, M. (1993b). Förderung und Entwicklung antidepressiven Verhaltens in der stationären Behandlung. *Praxis der Klinischen Verhaltensmedizin und Rehabilitation, 22,* 79-96.

Buchtips

Michaela Nijs

Trauern hat seine Zeit

Abschiedsrituale beim frühen Tod eines Kindes
(Psychosoziale Medizin)
1999, 189 Seiten, DM 44,80 / sFr. 40,30
öS 327,– • ISBN 3-8017-1239-7

Wenn ein Kind kurz vor oder nach der Geburt stirbt, können die Betroffenen nicht auf traditionelle Abschieds- und Trauerrituale zurückgreifen, sie müssen selbst neue Rituale gestalten. Auf der Grundlage von Gesprächen mit betroffenen Müttern erläutert die Autorin den Trauerprozeß nach dem frühen Tod eines Kindes und zeigt die heilsame Wirkung von Abschiedsritualen auf. Betroffene Eltern sowie professionelle Helfer finden in diesem Buch zahlreiche Anregungen für den Umgang mit der Verlustsituation.

Paul Gilbert

Depressionen verstehen und bewältigen

1999, 304 Seiten, DM 49,80 / sFr. 44,80
öS 364,– • ISBN 3-8017-1074-2

Dieses Buch wendet sich an Personen, die mehr über Depressionen und ihre Verursachung sowie Möglichkeiten der Selbsthilfe wissen möchten. Es beschreibt mit Hilfe von Fallbeispielen und praxisorientierten Hinweisen, wie man Kontrolle über seine Depressionen oder Stimmungstiefs gewinnen kann. Das Selbsthilfeprogramm basiert auf Techniken der Kognitiven Verhaltenstherapie und beschreibt in verständlicher Form, wie negative Denkmuster von den Betroffenen selbst verändert werden können.

Verlag für Angewandte Psychologie

Rohnsweg 25 • 37085 Göttingen • http://www.hogrefe.de

Buchtips

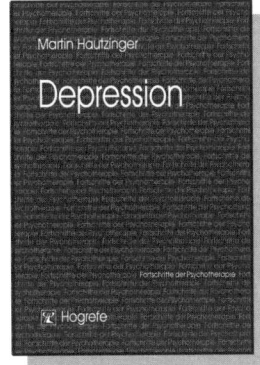

Martin Hautzinger

Depression

(Fortschritte der Psychotherapie, Band 4), 1998, VIII/86 Seiten, DM 39,80 / sFr. 35,90 / öS 291,– (Im Reihenabonnement DM 29,80 / sFr. 26,80 / öS 218,– ISBN 3-8017-1002-5

Das Praxismanual informiert über den aktuellen Kenntnisstand der Behandlung depressiver Störungen. Nach einer Darstellung des Ätiologie- und Bedingungswissens sowie der Diagnosesysteme werden praxisorientierte Empfehlungen für die psychotherapeutische Depressionsbehandlung gegeben. Erörtert werden u.a. günstiges und ungünstiges Therapeutenverhalten, der Umgang mit Krisen, Antidepressiva-Therapie sowie Hilfen für die Eigen-Supervision. Informationen zur Strukturierung von Therapiesitzungen, die Darstellung einzelner Therapiekomponenten sowie Maßnahmen zur Rückfallprophylaxe runden den Band ab.

Martin Hautzinger

Patientenbroschüre Depression

Informationen für Betroffene und deren Angehörige
1999, 31 Seiten,
Packung à 10 Exemplare
DM 49,80 / sFr. 44,80 / öS 364,–
ISBN 3-8017-1281-8

Die Broschüre hilft Betroffenen und ihren Angehörigen zu verstehen, was eine Depression ist und was ihre Ursachen sind. Darüber hinaus bietet sie Informationen zu den Auswirkungen einer depressiven Störung auf die Beziehungen in Familie, Partnerschaft und Ehe, im Freundes- und Bekanntenkreis sowie im Beruf. Abgerundet werden die Informationen mit Hinweisen dazu, wie man sich vor Depressionen schützen kann und was Angehörige berücksichtigen sollten.

http://www.hogrefe.de

Hogrefe - Verlag für Psychologie
Göttingen Bern Toronto Seattle

Therapiemanuale

S. Schmidt-Traub
Panikstörung und Agoraphobie
Ein Therapiemanual
(Therapeutische Praxis)
2., überarb. und erw. Aufl. 2000,
156 Seiten, Großformat,
DM 49,80 / sFr. 44,80 / öS 364,–
ISBN 3-8017-1364-4

J. Klein-Heßling / A. Lohaus
Streßpräventionstraining für Kinder im Grundschulalter
(Therapeutische Praxis)
2., erw. und akt. Aufl. 2000,
117 Seiten, Großformat,
DM 49,80 / sFr. 44,80 / öS 364,–
ISBN 3-8017-1348-2

E. Hofmann
Progressive Muskelentspannung
Ein Trainingsprogramm
(Therapeutische Praxis)
1999, 148 Seiten,
DM 44,80 / sFr. 40,30 / öS 327,–
ISBN 3-8017-1156-0

A. Lakatos / H. Reinecker
Kognitive Verhaltenstherapie bei Zwangsstörungen
Ein Therapiemanual
(Therapeutische Praxis)
1999, 137 Seiten, Großformat,
DM 49,80 / sFr. 44,80 / öS 364,–
ISBN 3-8017-0960-4

T. Müller / B. Paterok
Schlaftraining
Ein Therapiemanual zur Behandlung von Schlafstörungen
(Therapeutische Praxis)
1999, 162 Seiten, Großformat,
DM 49,80 / sFr. 44,80 / öS 364,–
ISBN 3-8017-1299-0

H. Denecke / B. Kröner-Herwig
Kopfschmerz-Therapie mit Kindern und Jugendlichen
Ein Trainingsprogramm
(Therapeutische Praxis)
2000, 154 Seiten, Großformat,
DM 54,– / sFr. 47,– / öS 394,–
ISBN 3-8017-1313-X

F. Petermann / U. Petermann
Training mit Jugendlichen
Förderung von Arbeits- und Sozialverhalten
(Therapeutische Praxis)
6., überarb. Auflage 2000,
174 Seiten, Großformat,
DM 59,– / sFr. 51,– / öS 431,–
ISBN 3-8017-1383-0

C. Kühner / I. Weber
Depressionen vorbeugen
Ein Gruppenprogramm nach R.F. Muñoz
(Therapeutische Praxis)
2001, 204 Seiten, Großformat,
DM 69.– / sFr. 60,– / öS 504,–
ISBN 3-8017-1422-5
